T0198606

THE EVERYTHING

Puzzles for Commuters Book

Dear Reader,

I do some of my best work while I'm traveling. I've discovered that the key to happiness when traveling is to keep my brain active, even if I am confined to an aisle seat. That's the idea behind the puzzles in this book—entertainment for your mind.

Many generations ago, the journey to work would have meant an exhausting day of walking. Today, it means just the opposite, as most people can hardly move from their seats during the commute. Yet we can still get a mental workout by letting our minds wander into the world of puzzles found in this book. Besides being fun, you'll probably arrive at your destination more relaxed and a little sharper.

So sit back, relax, and let the puzzling fun begin. Bon voyage!

Charles Timmerman

The EVERYTHING® Series

Editorial

Publisher	Gary M. Krebs
Director of Product Development	Paula Munier
Managing Editor	Laura M. Daly
Executive Editor, Series Books	Brielle K. Matson
Associate Copy Chief	Sheila Zwiebel
Acquisitions Editor	Lisa Laing
Development Editor	Katie McDonough
Production Editor	Casey Ebert

Production

Director of Manufacturing	Susan Beale
Production Project Manager	Michelle Roy Kelly
Prepress	Matt LeBlanc
	Erick DaCosta
Interior Layout	Heather Barrett
	Brewster Brownville
	Colleen Cunningham
	Jennifer Oliveira
Cover Design	Erin Alexander
	Stephanie Chrusz
	Frank Rivera

THE

EVERYTHING®

PUZZLES

FOR

COMMUTERS

BOOK

Sudoku, crosswords, word searches,
and mazes to make your ride fly by

Charles Timmerman
Founder of Funster.com

Adams Media
New York   London   Toronto   Sydney   New Delhi

For my brother-in-law Donnie, who has commuted farther than anyone I know.

An Everything® Series Book.
Everything® and everything.com® are registered
trademarks of Simon & Schuster, Inc.

Published by Adams Media, an imprint of Simon & Schuster, Inc.
100 Technology Center Drive, Stoughton, MA 02072 U.S.A.
www.adamsmedia.com

ISBN-10: 1-59869-406-5
ISBN-13: 978-1-59869-406-2

Printed in the United States of America.

J I H G F E D C B

This publication is designed to provide accurate and authoritative information with
regard to the subject matter covered. It is sold with the understanding that the pub-
lisher is not engaged in rendering legal, accounting, or other professional advice.
If legal advice or other expert assistance is required, the services of a competent
professional person should be sought.

 —From a *Declaration of Principles* jointly adopted by a Committee of the
American Bar Association and a Committee of Publishers and Associations

Many of the designations used by manufacturers and sellers to distinguish their
products are claimed as trademarks. Where those designations appear in this book
and Adams Media was aware of a trademark claim, the designations have been
printed with initial capital letters.

This book is available at quantity discounts for bulk purchases.
For information, please call 1-800-289-0963.

Contents

Acknowledgments

I would like to thank the over half a million people who have visited my Web site, *www.funster.com*, to play word games and puzzles. You are the inspiration for this book.

I'm happy to have the support and dedication of my agent, Jacky Sach. Thanks for keeping me so busy!

As always, it was a pleasure working with all of the nice people at Adams Media who made this book possible. In particular, Lisa Laing made my job easier. Also, the puzzles look even better thanks to technical help from Matt LeBlanc.

Most of all, thanks to Suzanne and Calla for making all of our trips fun!

Introduction

There are puzzles for everybody and every mood in these pages. With sudoku puzzles, mazes, crossword puzzles, and word searches you'll have an opportunity to hone a number of skills—and have fun at the same time! Here's some background on each of these four types of puzzles.

Sudoku burst onto the world stage in 2005 and continues to grow in popularity. Perhaps one of the secrets to its success is the puzzle's charming simplicity. Sudoku is played on a 9 × 9 grid. Heavier lines subdivide this grid into nine 3 × 3 boxes. The object is to fill in the grid so that every row, column, and 3 × 3 box contains the numbers one through nine with no repeats. The puzzle begins with some of the numbers already entered. There will always be just one solution for each puzzle.

Mazes are a classic type of puzzle, and all shapes and sizes of mazes await you here. Some of them can be solved quickly, while others will demand more concentration. Every maze has just one answer. Here is a simple tip: When you come upon a dead end, retrace your way back to where a path choice was made and take the alternative route. By using this technique you can make your way through any of these mazes.

Crossword puzzles were born in 1913, and the love affair with them has continued ever since. Indeed, crosswords are the most common type of word puzzle in the world. The crossword puzzles in this book will test your word power and trivia knowledge.

Word searches are another type of timeless puzzle. All of the word searches in this book are in the traditional format. Words are hidden in a grid of letters in any direction: horizontal, vertical, and diagonal—forward or backward. Words can also overlap. For example, the letters at the end of the word "MAST" could be used as the start of the word "STERN." Only the letters A to Z are used, and any spaces in an entry are removed. For example, "TROPICAL FISH" would be found in the grid as "TROPICALFISH."

This book was created for your enjoyment, so use it however you like. Skip around from type to type or charge right through the book from cover to cover. However you choose to take on these puzzles, you'll have plenty of entertainment for your commute!

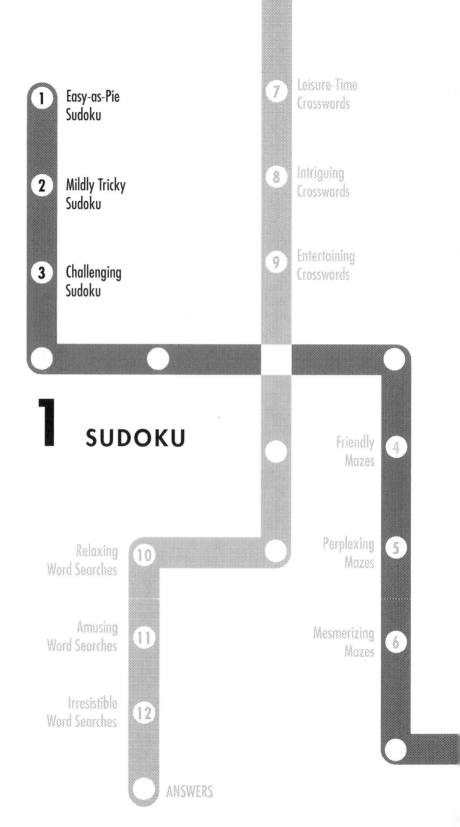

3		2	4		5			
8								
	4	5					1	3
1				4				5
7	5	4		3		8	6	1
6				1				7
2	8					5	3	
								8
			8		3	6		9

8		3	2		6	1		5
	1		9		5		6	
5								4
		7	1		2	6		
		5	3		4	8		
6								1
	7		5		9		4	
3		2	7		8	5		6

	2	3	1		5	7	8	
4								2
		5	2		9	3		
3	4	1				6	7	5
8	9	2				1	4	3
		7	8		4	9		
1								7
	3	4	6		7	8	5	

		6	8	4				
2		1		6				7
	3	9					1	
				9	8	3		
	6						9	
		7	3	2				
	4					1	3	
7				1		8		4
			3	5	7			

	8		6		9	3		
					4		6	9
9	7		8	2				
4			9	8				5
5				6	1			8
				9	6		7	3
2	5		3					
		9	1		5		8	

Easy-as-Pie Sudoku 6

	4			7				
7			3					9
	5		2		9	4		3
6	1		9					
				5				
					4		1	5
4		3	8		1		2	
5					3			4
				9			6	

	6		1	9		3		
9		8			4			
4				6		5	2	
2			7					
			3		9			
					6			1
	9	3		4				2
			6			8		4
		1		7	2		5	

5	7				6	1		
			7			2		
	8				2	6		9
				6	7	4		
		7	1	8				
1		8	5				2	
		5			8			
		9	3				1	8

Easy-as-Pie Sudoku 9

					2		6	
		1		3				
6	9					8		2
3				1	8		5	
9								4
	7		2	5				1
4		6					9	7
				6		1		
	8		9					

9	5	3			2			
	6							
8		2		3	5			4
	8	1				4		
3								5
		5				9	7	
4			1	9		5		8
							4	
			8			1	2	3

	9	2	4				8	
7					8	3		1
		6	1					
		5	8	2	9			
			5	4	6	9		
					3	1		
5		9	7					6
	2				5	8	9	

9			1	5			2	
7		5				1		
2			7	4		9		
4		6						
				1				
						5		8
		1		3	8			9
		4				2		3
	5			2	7			4

7	2	5			9			
9		3					1	
		6	3				9	
1	8	2						
				7				
						3	5	8
	3				2	9		
	9					1		4
			4			6	8	2

		1		6		9	3	
4								
5	7	3	4	9		8		
6							1	
	8		5		6		2	
	4							3
		6		5	4	7	9	8
								6
	9	4		7		3		

3		4		2		6	9	
7	5							4
			7		6			8
							1	3
			1	7	8			
6	1							
5			6		3			
8							6	2
	6	1		8		4		5

	4	5	8		3	7	1	
8	1						2	4
7		9				5		8
			9		7			
				6				
			4		2			
6		4				3		5
3	2						8	7
	5	7	3		8	2	6	

	6		8		4		3	
3								2
				5	3			4
2	8			9	7			
4			5		2			8
			3	1			4	9
7			6	4				
9								6
	5		7		9		1	

1	9		4		6		7	5
2								8
	6		9		2		1	
		2	6		1	7		
		1	8		5	3		
	1		7		3		2	
3								7
8	7		1		4		3	9

5		4	6		9	7		1
	3		4		7		5	
		9	5		3	4		
8	2						4	7
3	9						6	8
		3	8		5	2		
	1		7		2		8	
2		8	1		6	9		5

	1							7
6				8	9			
4	7		1			3		
	2	5				9		
8		3				1		6
		6				4	8	
		1			4		6	9
			6	2				5
3							4	

	8		6	1				9
				7	2	4		
4	7		9					2
		2	7					
8		7		2		1		3
					8	7		
3					6		5	7
		6	2	8				
5				4	7		9	

				2	7			
1		4						6
6	7		4					
7		5				9	6	
3		1				2		4
	9	6				5		3
					8		9	7
2						3		1
			5	4				

8	3		2				4	1
9					3	2	8	
		7						
		4		6				2
1	6						3	7
3				4		1		
						5		
	1	5	6					4
4	2				9		1	8

7	6			5			8	
4				3		2		
	3	2				4		6
					8			
		9		6		8		
			2					
6		8				9	1	
		7		4				5
	2			9			3	8

	3		8					
	9						5	8
7			5					
		8		7	4	1		
3				9		1		7
		2	6	3		5		
					5			1
8	6						3	
					3		2	

	3	8	5		2			4
2						5		
4				1	8			6
9			7					
	7		9		4		6	
				6				1
5			2	8				9
		9						3
1			6		3	2	5	

		5	6				9	
	6	4	7				5	
7			8			3		
9		2	4	8				
	5						6	
				5	9	2		4
		3			8			9
	7				4	6	3	
	9				7	1		

	1	6				3		
5								
7	2	9		1	5			
4					6			1
3			1	5	2			4
2			9					7
			8	4		5	9	2
								8
		2				7	4	

Mildly Tricky Sudoku 4

6		7			5		4	
						9		
1					2		5	7
8			9					6
		4				2		
7					1			4
5	6		2					8
		3						
	9		6			7		1

Mildly Tricky Sudoku 5

	3	7	9					1
		4		1				
1					4	2	5	
5	1						9	
				3				
	4						7	2
	6	2	5					8
				4		7		
8					1	3	6	

			8		4	5		
1	8							
	7	4		6				
4					3		7	
	3		6	7	5		1	
	2		1					9
				3		9	4	
							2	6
		6	9		1			

Mildly Tricky Sudoku 7

			9		7	6		
	3						9	1
7			5			2		
					3		5	
			6	9	4			
	9		8					
		7			2			3
2	8						7	
		4	7		5			

	2	7	8		1			
				2	7			
4		9						
6	8							
3		2				5		7
							4	9
						2		5
			9	5				
			3		2	4	7	

Mildly Tricky Sudoku 9

	7	4			3	2		
9						1		
8	1	3	6					
7				9		6		
	4						5	
		6		4				1
					5	3	8	9
		9						7
		8	9			5	2	

	9		4	7		6		
2						4		
				3			5	
	5			1	4		8	
6								7
	4		8	9			1	
	1			4				
		5						9
		3		2	1		6	

7	4	1			8	3		5
						4	6	
		6		9		5	7	
8			5		4			1
	9	5		3		6		
	7	2						
6		9	7			8	4	3

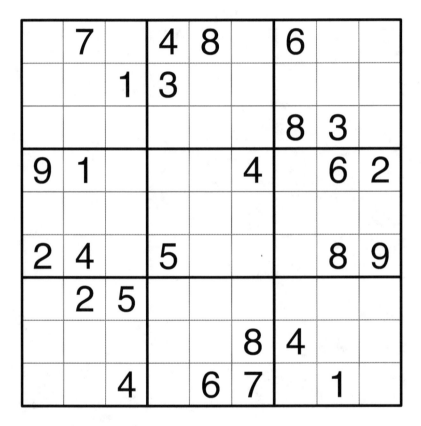

	3			2		5		4
2	5							
9	6				5	7		8
6	8		9					
		5		8		3		
					2		8	6
5		8	2				1	7
							9	5
1		6		7		4		

		6	8	1		7		
4			3			9		
7				9	2			
	8	3						
9								1
						4	8	
			7	2				6
		4			3			8
		7		8	4	5		

	5		6			7		
2		7			8		3	
	3	9		5				
5			3	8				
9		3				5		6
				6	4			7
			7			8	2	
	8		1			9		3
		1			5		7	

	9	8	1					
			8		5	4		2
5					6			7
8	5	7				2		
		1				5	3	8
6			5					4
7		2	6		9			
					7	8	9	

			2	6				
4		2	5	1	3			
1						6	3	
2					6			
3		1				7		6
			1					4
	3	7						5
			4	3	9	1		8
				2	5			

		5		7	9	6		
				4			8	9
4						3		
7	5		8					
	9			5			4	
					7		9	2
		7						3
3	4			2				
		1	6	3		2		

8		2	4		3	5		
			7				1	
6								
2	3				6		9	
7		8				1		6
	5		1				3	8
								5
	6				4			
		5	6		7	9		2

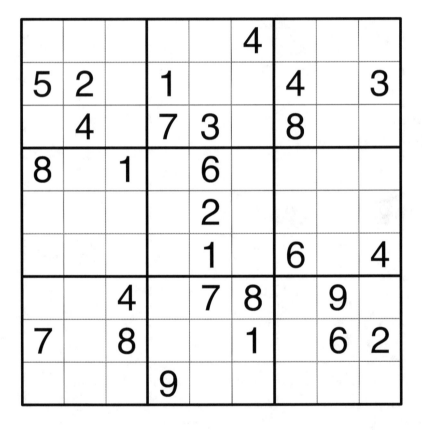

Challenging Sudoku 1

		2	6	4	7	9		
1		7			5			
4							6	
					4		2	9
		9				8		
5	8		7					
	1							2
			1			4		8
		5	2	3	8	1		

	2		8	9	5			
4		8				3		
					1	6		
5				6				7
		2				8		
8				3				9
		5	7					
		9				2		8
			9	5	2		7	

1	3		4			2		
6			3				4	
		9					3	8
		7		8				4
			7		5			
3				4		7		
9	1					3		
	6				1			7
		5			4		9	6

5			3	7	1		2	
9								
3	2		5			4		
	3				6			
	5	4				2	3	
			2				9	
		3			8		5	9
								2
	1		9	5	3			7

2		6		7			1	9
		1	6			2	4	
9						5		
3				2				
			4		6			
				3				5
		9						6
	1	7			2	8		
6	8			5		1		2

		5	6	3	4			
2	9						3	
7					2			
	6			8		1		4
4		9		2			5	
			9					1
	7						6	8
			2	1	8	7		

Challenging Sudoku 7

		1	2			4		
	9	8	6					
4							7	6
		7	5					
		2		1		9		
					7	3		
7	8							5
					5	8	6	
		3			2	7		

	6	5		3				7
1		7			5			
		8						1
			2		1			
		6		8		3		
			5		3			
5						6		
			8			4		3
4				7		2	1	

Challenging Sudoku 9

6					9	5		
			8					4
5					7	1	3	
2	9				3			
				2				
			5				2	3
	8	3	2					7
1					8			
		5	3					1

		5		1			9	
2						1		
4					8			
	5				7			1
8	1		2		9		5	7
9			3				2	
			9					2
		8						9
	4			6		5		

	1	6			4			
4	8				2	6	1	
2								4
	5			4				
		9				7		
				1			6	
7								6
	9	1	8				4	3
			5			9	8	

7		4		9		5	2	
			5					4
					7	3		6
9	6					1		
1								2
		2					7	3
2		6	9					
3				2				
	9	5		3		2		8

	8		7	9		2		
7	5			1	3			
							8	
8				4	9			6
		5				8		
9			6	7				5
	9							
			1	5			9	2
		7		3	6		1	

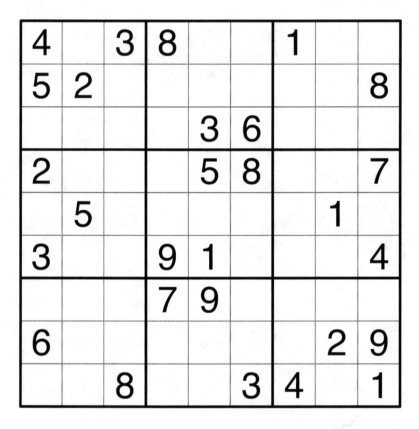

		6	7				1	
	2	9	3					
1				4				
	1			2			3	4
		8	4		7	9		
4	9			1			7	
				9				2
					5	1	9	
	7				8	5		

			4		9	3		7
7	5							
				8	1	2		
						6	7	
	8						2	
	7	4						
		8	6	9				
							5	9
1		9	5		4			

Challenging Sudoku 17

9		4		6				
		7						5
6		3	9			4		2
2		9	1					
		5		3		1		
					7	8		4
5		1			4	2		3
4						6		
				8		5		1

6		9	8			3	2	
					9		5	1
5					7			
		7				4	8	3
4	5	6				7		
			7					5
9	2		4					
	7	5			6	8		4

	5		9		4			6
	1		6				2	
6					7	4		5
							3	
7			3		6			9
	9							
4		3	8					2
	8				2		6	
1			4		5		9	

					4	9		6
5		6	3	9			1	
				6				
8			4			3		5
	6		5		2		4	
3		4		8				2
			6					
	4			2	3	8		1
1		3	8					

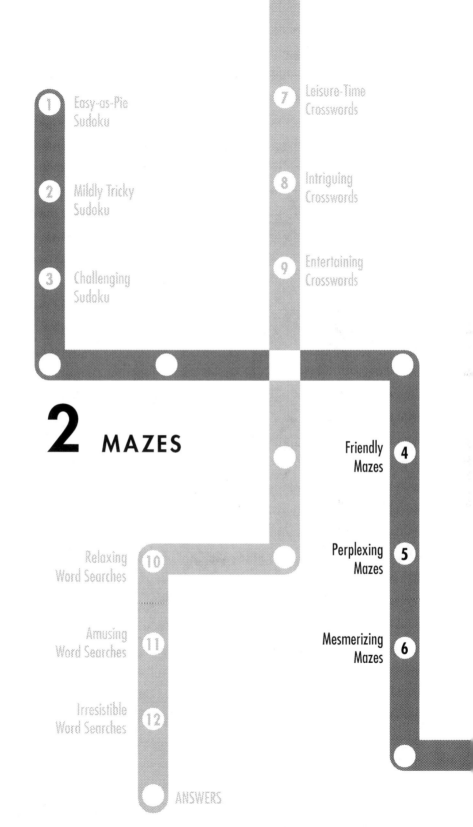

Octagon

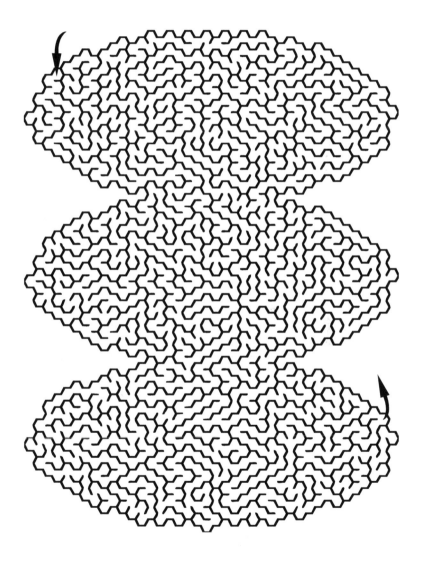

Clubs

Diamonds

Hearts

Ace

Block

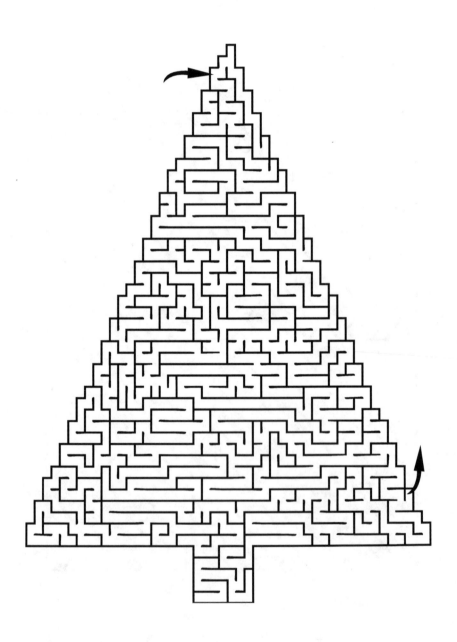

Rabbit

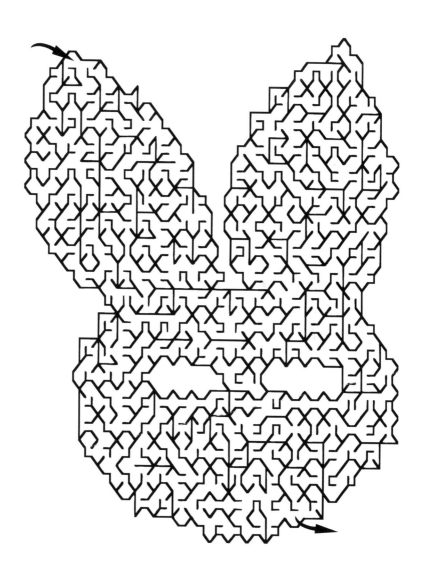

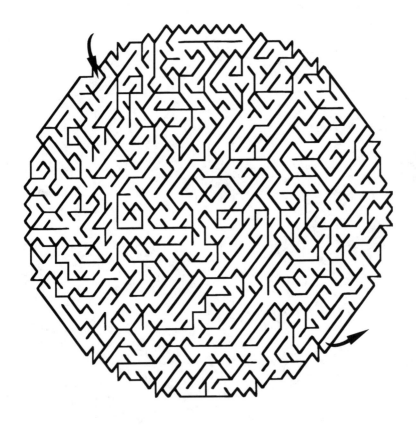

Flower Power

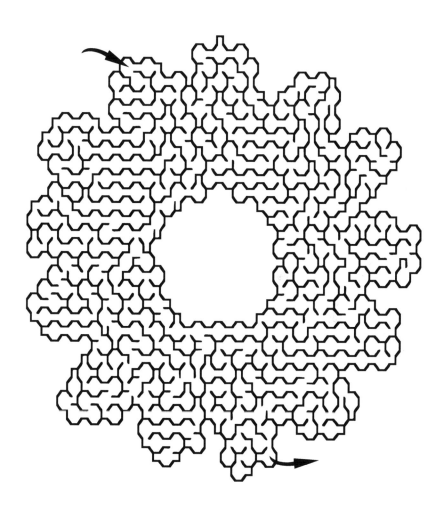

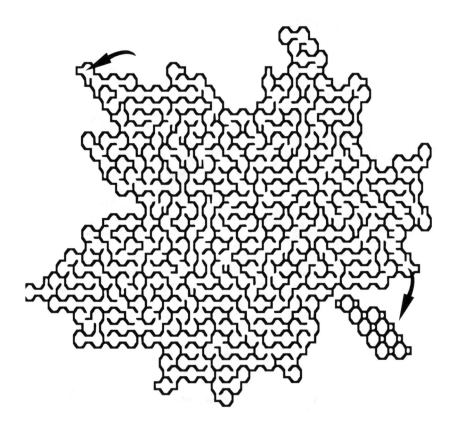

Pentagon

Football

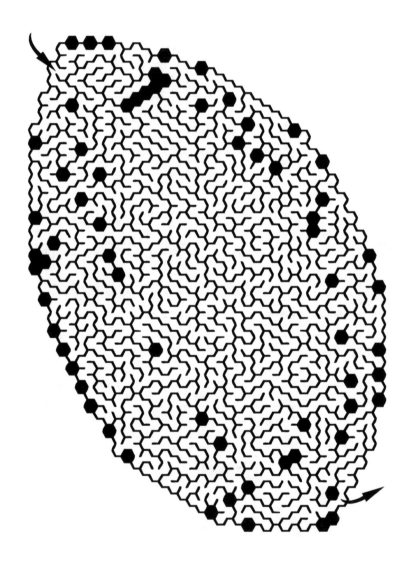

Box

Circle

Home Sweet Home

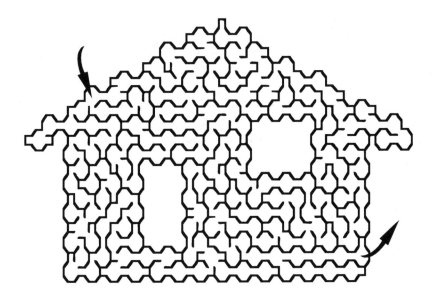

Racetrack

Starry

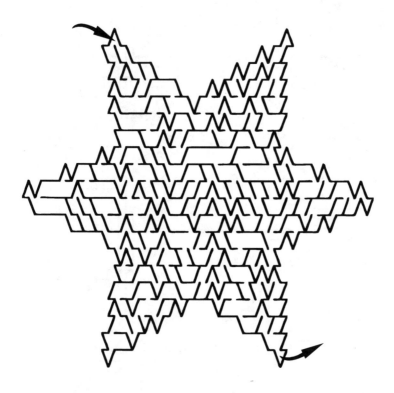

Break Out

Butterfly

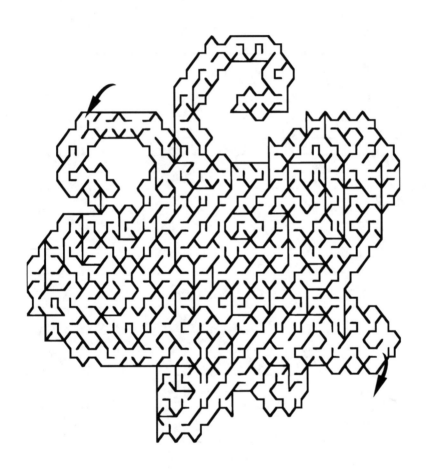

Good Egg

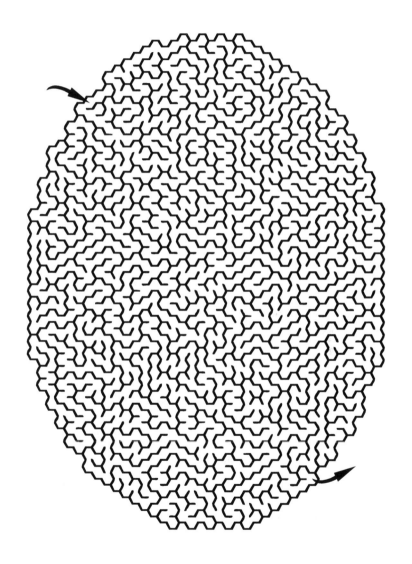

Hex

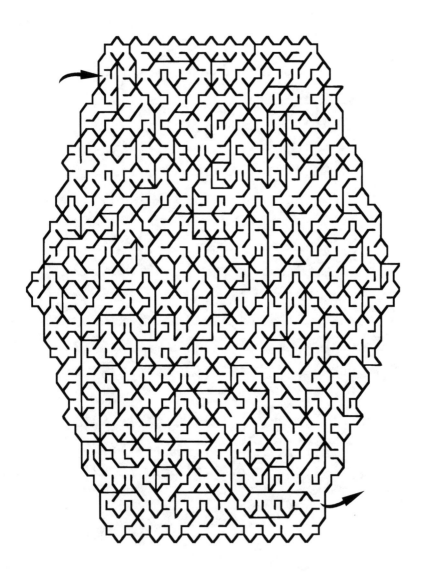

Pointer

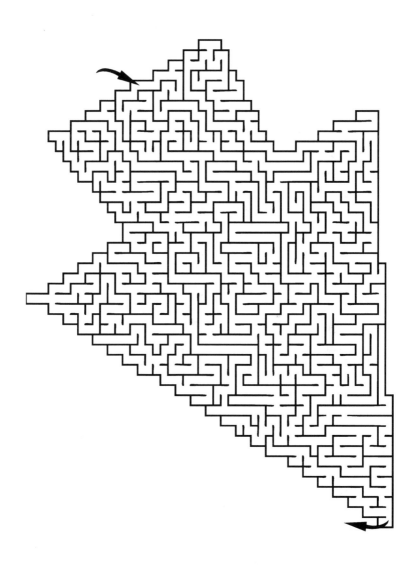

Ringer

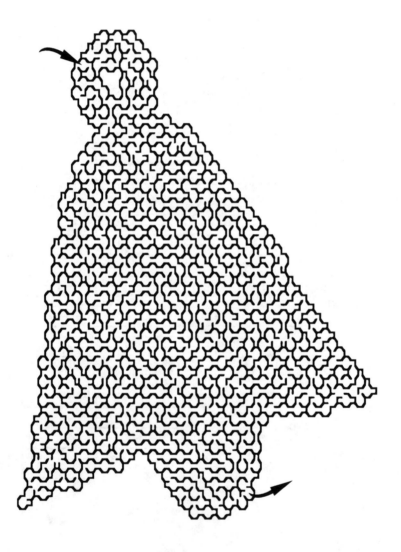

Jack-O'-Lantern

Snowman

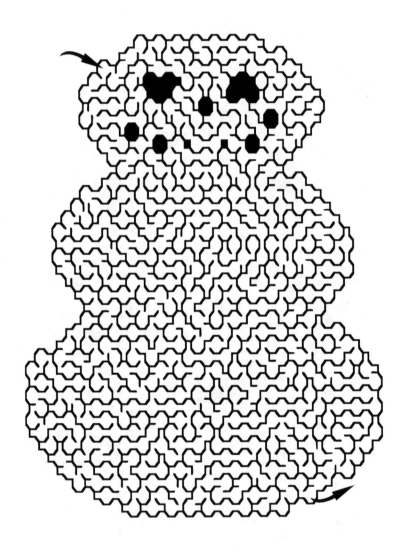

Something's Fishy

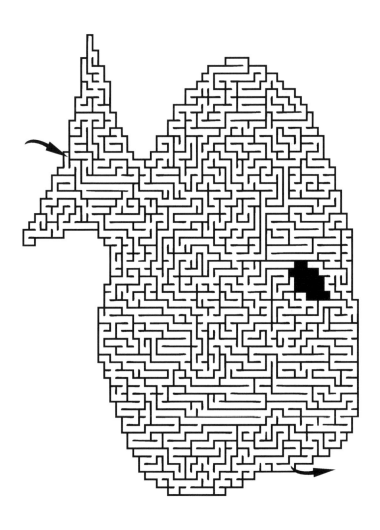

Star

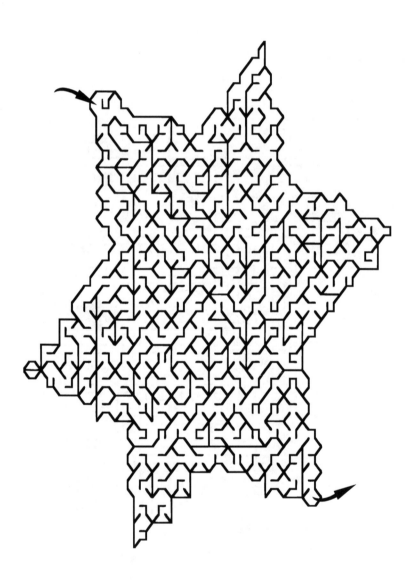

Stop Sign

Triangle

Vino

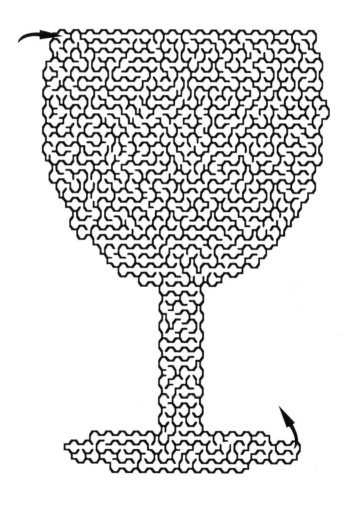

Wheel

Ball

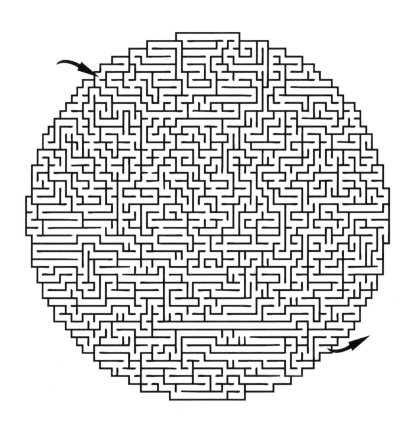

Break In

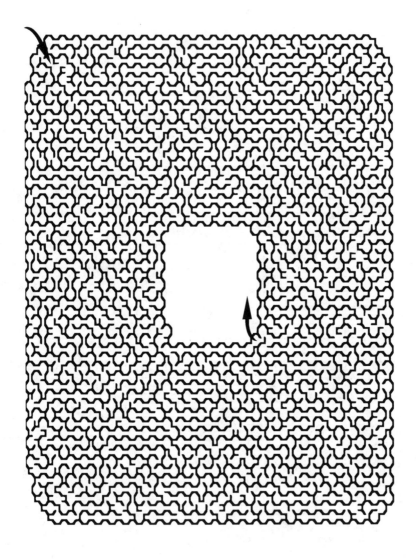

Gear

Jewel

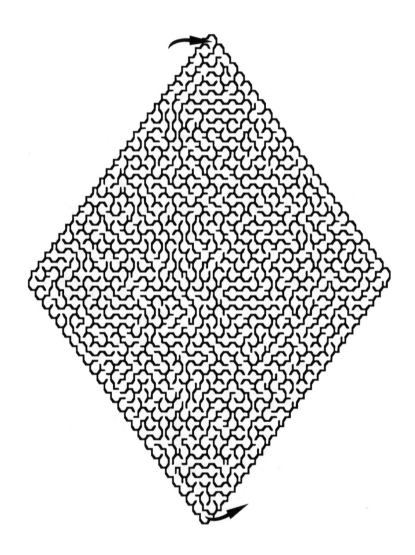

Oval

Pigskin

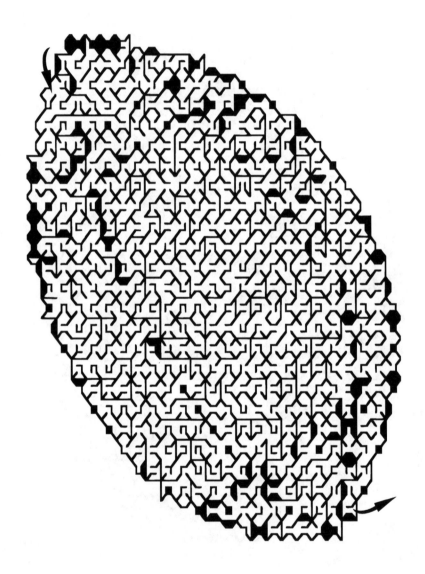

Rectangle

Tumbler

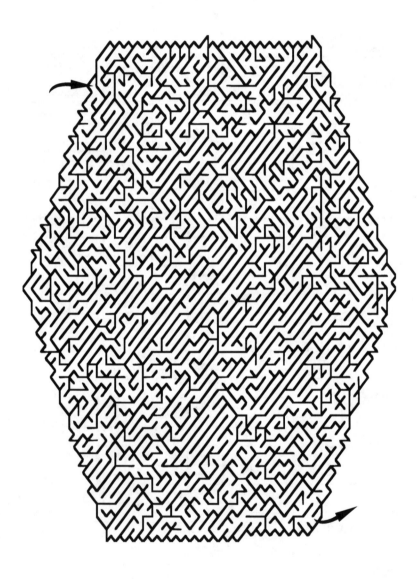

Valentine

Mug

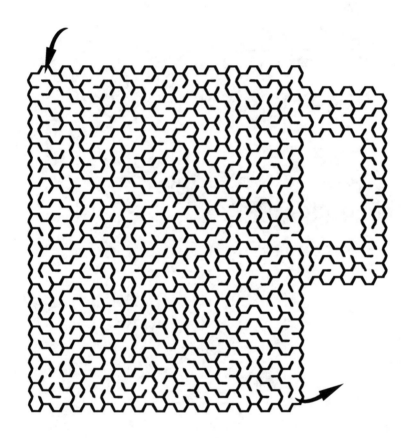

Shamrock

Three Scoops

Three Sides

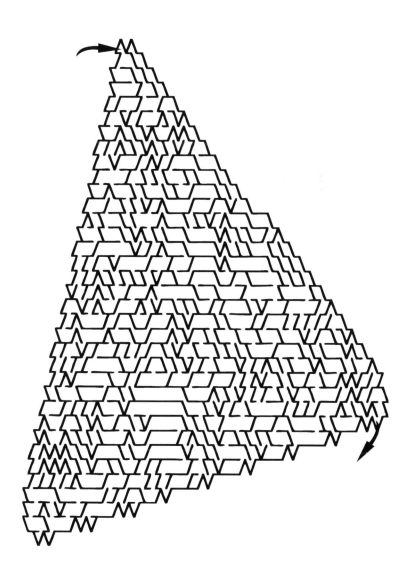

Four Sides

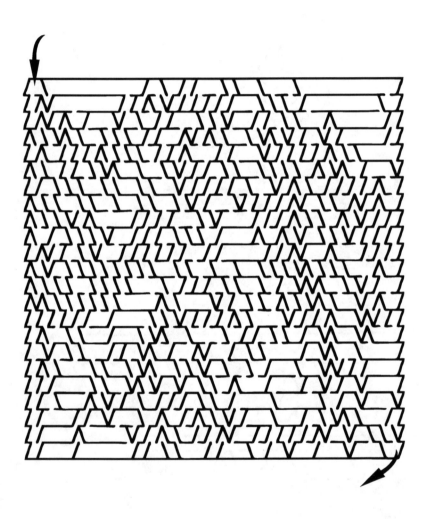

Five Sides

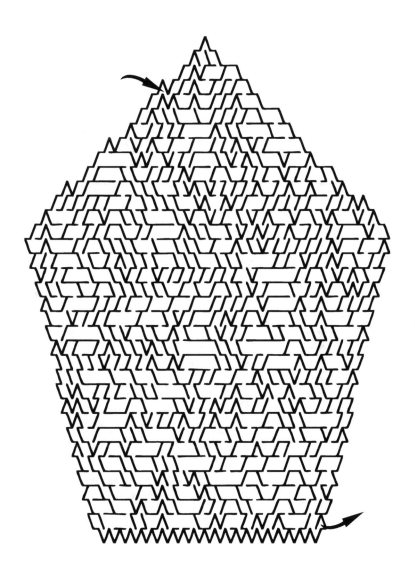

Eight Sides

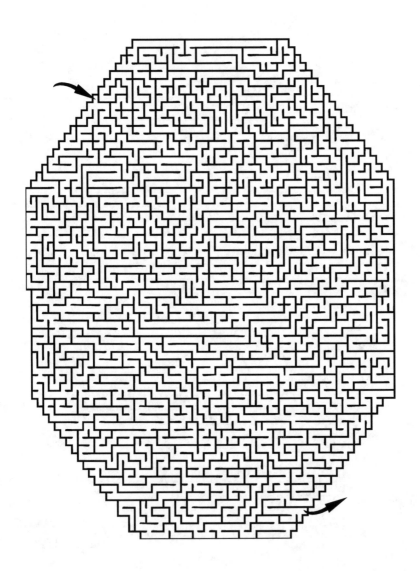

Six Points

Speedway

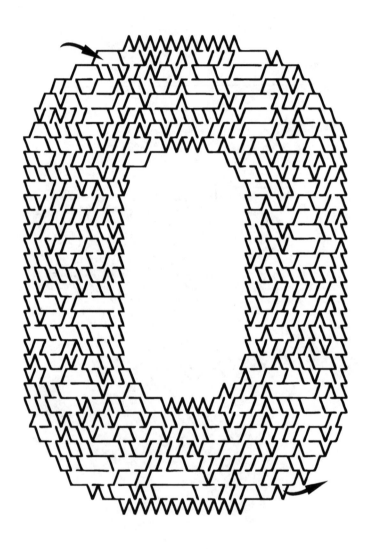

Smiley

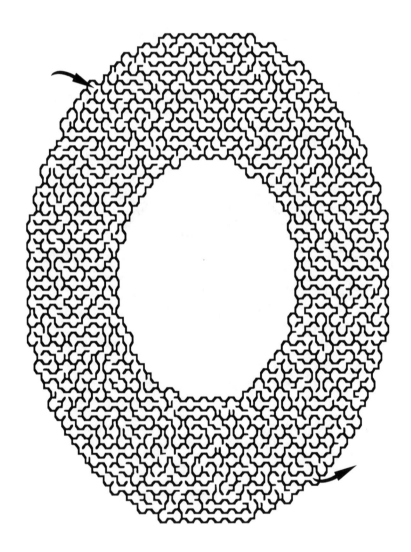

Mushroom

Hare

Going Up

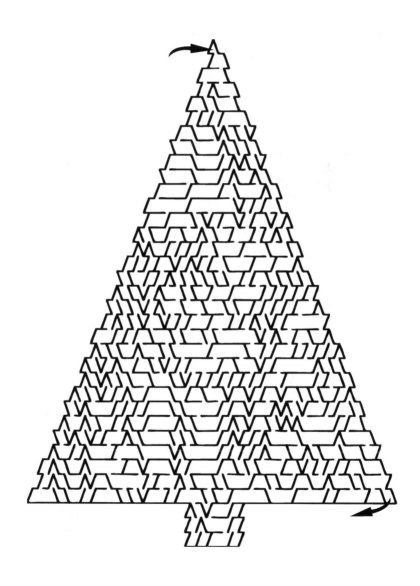

Going Down

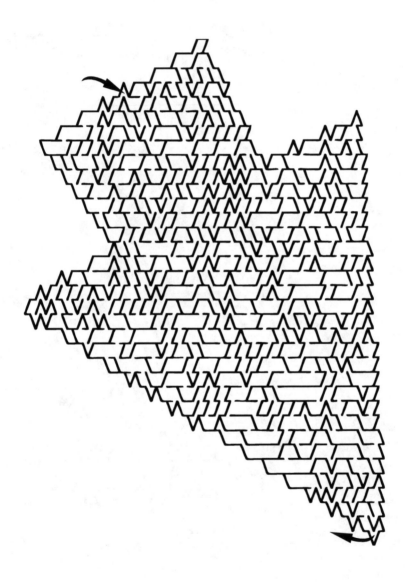

Flutter

Fish

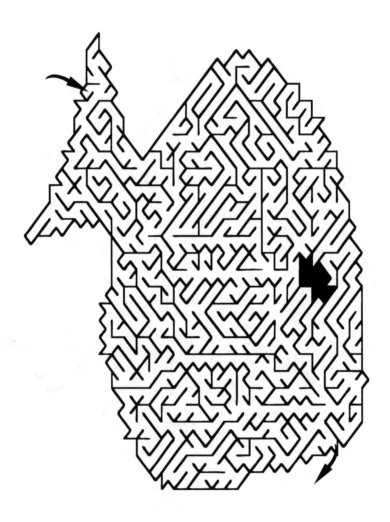

Fall

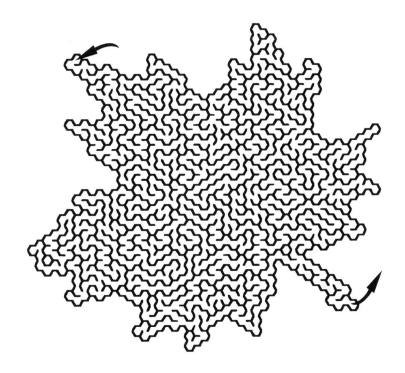

Cheers

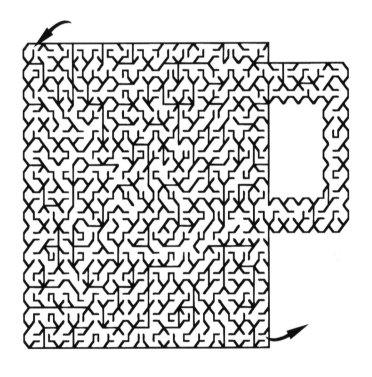

Time to Stop

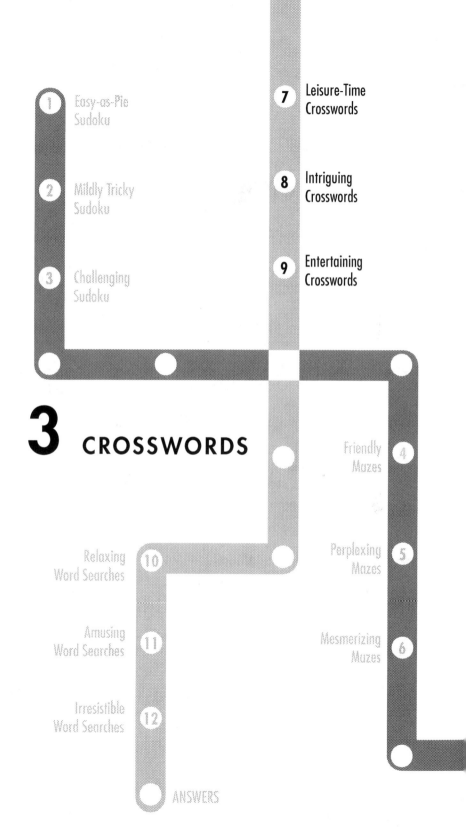

Leisure-Time Crossword 1

1	2	3	4		5	6	7	8				9	10	11
12					13			14		15				
16					17					18				
19				20			21			22				
			23		24	25		26		27				
28	29	30		31			32			33		34	35	36
37				38					39					
40			41		42			43			44			
45				46			47			48		49		
50						51						52		
			53		54			55			56			
57	58	59			60		61			62		63	64	65
66					67			68	69		70			
71					72						73			
74						75					76			

Across

1. Begin to develop
5. Free ticket
9. Grass section
12. Pine (for)
13. Burglar's bane
15. Arrive
16. Biology class staple
17. Indemnify
18. Actor McCowen
19. Signs of sadness
21. Be in session
22. Brother
23. Ornamental brooch
26. Clog, e.g.
28. Point a weapon
31. Water park feature
33. Stage play
37. Hidden means of support?
38. Lofty
39. Good sense

40. Aromatic fragrance

42. Racket

44. Make, as a putt

45. Pontiac, e.g.

47. Kernels

49. Penna. neighbor

50. Do schoolwork?

51. Garment worn by women

52. Storm area

53. Song of praise

55. Captured

57. Rest stop sight

60. Corrode

62. Judging group

66. Beasts of burden

67. Shut out

70. New York city

71. Cause for alarm?

72. Have a hunch

73. Jotted reminder

74. Had a beef?

75. Actor Penn

76. Hale of TV oldie, "Giligan's Island"

Down

1. Off one's trolley

2. Cornfield measure

3. Arab stopper

4. The "N" of U.N.C.F.

5. Elevator part

6. Bullfighting cheer

7. They may provide relief

8. Commendation

9. Fly like Lindy

10. Straw in the wind

11. Pack of cards

14. The Bible, to many

15. Kodaks, e.g.

20. Of like kind

24. Porcelain tableware

25. Quasimodo's creator

27. Praiseful poem

28. Superior of a monastery

29. More than miffed

30. Island in the Mediterranean

32. Muse

34. In reserve

35. Cash

36. Joint

39. Nostalgically fashionable

41. Apparatus

43. Three-piece

46. One of the five W's

48. What to do "in the name of love"

51. Reptiles

54. Jumble

56. John Lennon's "Instant ___!"

57. Comfy spot

58. Lighted sign

59. Nothing but

61. Cohesive notes?

63. Yuletide

64. Jane Austen heroine

65. Boxer Spinks

68. Code-cracking org.

69. Barbie's doll

Leisure-Time Crossword 2

1	2	3	4	5		6	7	8	9		10	11	12	13
14						15					16			
17				18							19			
20					21				22	23				
		24	25				26							
27	28	29					30					31	32	33
34					35						36			
37				38						39				
40				41					42					
43			44					45						
		46					47							
48	49	50				51				52	53	54	55
56				57	58				59					
60				61					62					
63				64					65					

Across

1. Divest
6. Cashless deal
10. Roe
14. Spyri heroine
15. Next in line
16. Store
17. Worthy of being accepted
19. Off the hook
20. Newshawk's query
21. Planet
22. Hot
24. Propane holder
26. In the vicinity
27. Bind morally
30. Invariable
34. Composed
35. Peeper
36. "You don't mean me?!"
37. Fleet
38. Unversed writing?

39. Apocalypse
40. Planning time
41. Pixie
42. Salon supply
43. Put back
45. Bigger
46. Pike
47. Whereabouts
48. Pleasurable feeling
51. Spring resort
52. Kvetcher
56. Atoll protector
57. Writings
60. Grueling exam
61. Lexicographer Partridge
62. Nuts' partners
63. Days gone by
64. Harmless prank
65. Summit

Down

1. *Candida* playwright
2. High-___
3. Red beans go-with
4. State of exact likeness
5. Doozy
6. Predator
7. Friday on TV
8. To be unwell
9. State of being present
10. Elbow grease
11. Miss
12. High spirits

13. Spotted
18. Word after dial or earth
23. Undertaking
25. Time of one's life
26. Clamorous
27. Team bigwig
28. Courageous
29. Sweethearts
30. Musical combo?
31. Surrounded by
32. Wild West justice
33. Timekeeper
35. Called out
38. Never converging or diverging
39. Impresario
41. April honoree
42. Hamelin evictee
44. Something of very little value
45. Pants-on-fire guy
47. Very little bit
48. Where Aeneas fought
49. Life saver
50. Raise, as kids
51. Use a swizzle stick
53. Precept
54. Liberal pursuits
55. Superlatively good
58. Bank offering, for short
59. *Alias* airer

Leisure-Time Crossword 3

1	2	3	4	5		6	7	8		9	10	11	12
13						14		15		16			
17						18				19			
20				21	22				23	24			
		25					26			27			
	28	29				30			31				
32					33				34	35	36	37	
38				39				40					
41				42			43						
		44	45			46							
47	48	49		50		51							
52		53			54			55	56	57			
58				59	60			61	62				
63				64				65					
66				67				68					

Across

1. Divest
6. Put two and two together
9. Peruse
13. Longtime Susan Lucci role
14. Apiary residents
16. Unlikely story
17. Hot or cold drink
18. Part of SRO
19. Like a couch potato
20. Foot part
21. Green-eyed monster
23. Move apart
25. Baby bouncer
26. Had dinner
27. "____ will be done"
28. Gridder Favre
30. Talk a blue streak?
32. Marina sights
33. Pillow cover
34. Gone

38. Condo, e.g.

39. Great balls of fire

40. Test choice

41. Make known

42. Grasp

43. "Dee-fense!," e.g.

44. Premature

46. Was out

47. A way to work

50. "Malcolm X" director

51. Not up to snuff

52. Incompetent

54. Cease moving

55. Obstacle

58. "Lovely" Beatles girl

59. Thunder god

61. Residence

63. Lead

64. It's shaken out

65. Drew to a close

66. Column next to the ones

67. "Over here!"

68. Tournament favorites

Down

1. Certain subdivision

2. The Goo Goo Dolls, e.g.

3. Tease mercilessly

4. Do in, in mob lingo

5. Brings up

6. Overhead

7. Withhold

8. Actor Benicio ____ Toro

9. Cooking instruction

10. Citadel student

11. Hajji's deity

12. Poor

15. Analyst's concerns

22. After taxes

24. Thimblerig prop

25. Pot

26. Sentient

28. Part of skeleton

29. Track

30. Tending to shake

31. Newsman Dan

32. On the other hand

33. Like an old cigar

35. Enclose in paper

36. Em, to Dorothy

37. Even

39. Avenue crossers

43. Apparel

45. Dumas motto word

46. Ending with aero

47. Rupture

48. Cry from a labor organizer

49. "Paradise Lost" character

51. Social gathering

53. Blocks

54. Pocket problem

55. Uncivil

56. Played for a sap

57. Places to sleep

60. Derisive laugh

62. Half and half?

Leisure-Time Crossword 4

1	2	3	4	5		6	7	8	9		10	11	12	13
14						15					16			
17						18					19			
20				21	22				23	24				
		25				26				27				
28	29	30			31				32					
33				34				35				36	37	38
39				40			41				42			
43			44			45				46				
		47				48				49				
50	51	52				53			54					
55				56			57				58	59	60	
61				62	63	64			65	66				
67				68					69					
70				71					72					

Across

1. Emulate Sarah Hughes
6. Bahrain native
10. Go for
14. Croesus' kingdom
15. Common cat food flavor
16. Camp Swampy dog
17. Born earlier
18. Get dewy-eyed
19. 1969 Oates novel
20. Unseld of the N.B.A.
21. Pair
23. Prize
25. In what place
27. Bird of Celtic lore
28. Bachelor's lack
31. Massachusetts' Cape ____
32. Stifle
33. Apprehended
35. Goings-on
39. Anonymous litigant

40. Biblical pronoun

41. Antagonist

42. Roth plan

43. Stomach

45. Private

47. Neighbor of Swed.

48. Tatter

49. Sobbed

50. Lombardy capital

53. Hunter in the night sky

55. Solar or geothermic

57. Drink like Fido

58. Partner, with "the"

61. Bede of fiction

62. "What ____ can I say?"

65. Cybernote

67. Radial, e.g.

68. Fiction collection

69. Poker ploy

70. Hourglass contents

71. Tennis do-overs

72. Included

Down

1. Boring

2. Actor MacLachlan

3. Totals

4. 50-50, e.g.

5. Our planet

6. A lawyer

7. Feel remorse about

8. Santa ___, Calif.

9. Unadorned

10. Kind of industry

11. None of the above

12. Direct

13. British soldier

22. The state of the atmosphere

24. Toils (away)

25. Itty-bitty

26. Finish

28. Walk in water

29. Club for Woods

30. ____ Gailey of *Miracle on 34th Street*

32. State in the SE United States

34. Packing a punch

36. Opening time, maybe

37. Skeet device

38. Preserve, in a way

41. Intrepid

44. Without weapons

45. Country club figure

46. Control

50. They're white or red

51. Kind of rubber

52. Commit to memory

54. Domingo's domain

56. Cheerleader's bit

58. Female servant

59. Hill

60. Winter racer

63. Prevaricate

64. Put in rollers

66. Alfred E. Neuman's magazine

Leisure-Time Crossword 5

Across

1. Pancake topper
6. Swear word
10. Talk
14. Coquette
15. Dog biter
16. Angel's headwear
17. Moth-____
18. Cafeteria item
19. Where the Gobi is

20. *Teaching ____ Tingle* (1999 Katie Holmes movie)
21. Gaiety
23. Illustrious
24. Rigg or Ross
25. Up and about
26. Protect
29. Medicine
31. Walk back and forth
32. Memorial Quadrangle setting

33. Morrison of the Doors
36. Typical
40. Well-being
42. Mack of old TV
43. Tug, say
45. Stench
46. Not just one
47. Unflappable
49. Went for
52. Take off
54. Kind of pack
55. Lacking brightness
56. Stand in the way of
59. Camera setting
60. "Memory" musical
61. Line to the audience
63. Pulled a six-shooter
64. Plot unit
65. Out-and-out
66. They may be lent or bent
67. Buzzers
68. Opposite side

Down

1. Watch part
2. Two semesters
3. Hamelin pests
4. Take habitually
5. Writing instrument
6. Commonly
7. So soon
8. Briny drop
9. Mudder's fodder
10. Mass confusion
11. Dispatch
12. Visitor from afar
13. Warty amphibian
22. Suffered from
23. Austin Powers's father
24. XING sign critter
25. ___ of thumb
26. Petty quarrel
27. Own
28. Bumped off
30. Wet behind the ears
33. Green gem
34. Inflexible
35. "A ___ bagatelle!"
37. Westminster, for one
38. Sound
39. Absorb, as a loss
41. Links warning
44. The Globe, for one
47. Honshu honorific
48. Executor's concern
49. Angelina played her in Tomb Raider (2001)
50. Prefix with face or faith
51. Is aware of
53. Attains status
54. Lose brilliancy
55. Physiognomy
56. Sever with the teeth
57. TV's ___ 12
58. Bank
60. Metered ride
62. Bart, to Homer

Leisure-Time Crossword 6

Across

1. Plunder

5. Confronted

8. Goes for

13. Highlands family

14. Market pessimist

15. Bermuda or Vidalia

16. It's a cover-up

17. Threatening word

18. The "N" of U.N.C.F.

19. Except if

21. It may be graded

23. Different

24. Spelling contest

25. Assist

27. Ride a surfboard

29. Threw in

31. Made a hole

34. Play parts

37. Lady's man

39. Resides

41. Hip
42. Direct
44. Profound
45. Illegal parker's worry
47. Suffer from
48. Artist Warhol
49. Leg joints
51. Postpone
53. Map out
55. ___ Cruces, New Mexico
56. Frank McCourt memoir
59. Sign of summer
62. Viewers
64. Reason to drink
66. Uncredited actor
68. Took a cab
70. Button, to Frosty
71. Internet destinations
72. Empty
73. ____ de force
74. Hot spot
75. Conclude
76. Out-of-doors

Down

1. Prepare to operate
2. Helpless?
3. Monthly bill
4. Spoon-playing site
5. TV diner owner
6. Part of SEATO
7. Ashes, e.g.
8. Regulate
9. Together
10. Leo, for one
11. Raced
12. Winter fall
14. In addition
20. In a blue funk
22. Second-stringer
26. End of life
28. Sixth day of the week
29. Like a somnambulist
30. Great fear
32. All tied up
33. Paper for the house
34. Take the stage
35. Prepare food
36. Word before house or hall
38. Horizontal
40. Covert operator
43. Associated
46. Free from confinement
50. Put into words
52. Volcanic output
54. Coward's lack
56. Band
57. Bone of contention
58. Uncompromising
59. Take away
60. Leave
61. Nobelist Hahn or Warburg
63. Any minute now
65. Look ____ (study)
67. Gun in the garage
69. Impersonated

Leisure-Time Crossword 7

1	2	3	4		5	6	7	8		9	10	11	12	13
14					15					16				
17					18					19				
20				21			22		23		24			
	25					26				27				
			28	29			30				31	32	33	
	34	35	36				37		38		39			
40				41			42				43			
44			45			46			47					
48			49		50		51							
		52				53			54	55	56	57		
58	59	60			61				62					63
64				65		66		67			68			
69					70					71				
72					73					74				

Across

1. Supports
5. Huck Finn's conveyance
9. Muffler
14. Spoiled child
15. "Surfer," so to speak
16. Songwriter Greenwich
17. Place to wait
18. Depression
19. Rib
20. Fly the coop
22. Laboratory
24. Responds on *Jeopardy!*
25. War, to Sherman
26. Benefactor
28. Cruet contents, often
30. "___ wish!"
31. Milk, in a way
34. Glass containers
38. Threefold
40. Sixth month of the year

41. Express mirth
43. Radiator part
44. What's left
46. Gift
48. Question of identity
49. Silly Putty container
51. "___ You There God? It's Me, Margaret"
52. Not quite
54. Untouchable Eliot
58. Naive person
61. Radio pioneer De Forest
62. What some stars stand for
64. Lots of land
66. Bit of filming
68. 90s party
69. TV's *Evening* ____
70. Not bumpy
71. Corner
72. Feel
73. Impart
74. Towel word

Down

1. Accomplished
2. Kind of coffee
3. Trip the light fantastic
4. Great buy
5. Harsh to the ear
6. Big-house link
7. Guy
8. Compact
9. Wimbledon segment
10. Spotless
11. "Woe is me"
12. It's often taken
13. Professional charges
21. Story line
23. "Whew!"
26. "Give me another chance," e.g.
27. "___ Gang"
29. Forbidden by law
31. Over
32. Opening
33. Unagi, at a sushi bar
34. Mediocre at best
35. Wised up
36. Genteel affair
37. Dine
39. "Rocks"
40. Yeshiva student
42. Lee side?
45. Tiny elevator
47. Faxed
50. Humperdinck heroine
52. Food and water
53. Exit
55. You are here
56. Gaze fixedly
57. Partition
58. Low man in the choir
59. Be in pain
60. Ground husk of wheat
62. Satirize, with "up"
63. Gets the picture
65. Go out with
67. Cognizance

Leisure-Time Crossword 8

Across

1. Quiche ingredients
5. Mrs. Mahler
9. Boffo show
14. Confident
15. Yeats or Keats
16. Cause for a pause
17. Carry
19. Garments
20. Mame, for one
21. Red wine
23. Pilot's concern: Abbr.
24. ____ es Salaam
26. Babar's wife
28. Wedding worker
32. Good thing
33. Sensation, slangily
34. Role for Angelina
36. Avatar of Vishnu
39. Woolworth Building architect Gilbert

40. Like some organs
41. Lilac, for one
42. Origin
43. Sewed up
44. Alpha-Bits maker
45. Its symbol is Pb
47. Nuns
50. Tremble
53. "That feels good!"
54. Magician's prop
55. Eleventh ___
57. Rectitude
62. Bigger than big
64. One of the Gulf States
66. Covered with hair
67. Slacken
68. Drill parts
69. Fashion
70. "Darn!"
71. Place for a coin

Down

1. This, in Tijuana
2. Wise one
3. Mom's mom
4. Shipped out
5. Materialize
6. Card game with forfeits
7. Griffin of game shows
8. Loft
9. Parchment roll
10. Cattle call
11. Diplomatic official
12. Refine, as metal
13. Waste maker, proverbially
18. Slaw or fries
22. Monarchy in the Himalayas
25. Holdover
27. Jet-setter's destination
28. "Ta-ta!"
29. "Yes!"
30. Tried and true
31. Taxes
33. Tape player
35. Electromagnetic telecommunication
37. Rolling stone's lack
38. Skill
40. MTV airing
46. Cling
48. Like Khrushchev
49. Not that
50. Hits the mall
51. Custom
52. Governed
56. Din
58. Teases
59. Eeyore's loss
60. "I will sing ___ the Lord . . .": Exodus
61. Toward sunrise
63. Bando of baseball
65. Mex. neighbor

Leisure-Time Crossword 9

1	2	3	4		5	6	7	8	9		10	11	12	13
14					15						16			
17					18						19			
20				21						22				
			23				24	25						
26	27	28	29				30							
31						32					33	34	35	36
37					38	39					40			
41					42					43				
		44	45					46						
47	48	49					50							
51					52	53				54	55	56	57	
58				59						60				
61				62						63				
64				65						66				

Across

1. Up to speed
5. Double's job
10. Destroy
14. Actress Patricia
15. Meaning
16. Diamond of note
17. Hardy character
18. Characterized by rain
19. Exploit
20. Concerns
22. Pigeon's perch
23. Consumption
24. Boston college
26. Ride, so to speak
30. Granny and Windsor
31. Split to unite
32. Questionable gift
33. Deuces
37. Cavort
38. Trio

40. Page, e.g.
41. Miller, for one
42. Crew need
43. Land of a billion
44. Deep, lustrous black
46. Gnawing animal
47. Move down
50. Felix or Fritz
51. Swift
52. Given to the use of sarcasm
58. Locale
59. Holy scroll
60. "___ sight!"
61. Planar
62. Wow
63. Bills with George on them
64. Moppet
65. Insurgent
66. April or May

Down

1. Lock opener?
2. "___ here long?"
3. In the cellar
4. Ultimatum ender
5. Accent
6. Flirt
7. Pound or pint
8. Words without sense
9. Make an effort
10. Comprehend
11. Food, shelter, etc.
12. San ___

13. Bygone
21. Ploy
22. Rent
25. Brood
26. Aromatic plant
27. Natural burn soother
28. New York city
29. To increase in value
30. Author of *A Call to Service: My Vision for a Better America*
34. Not on target
35. Sleipnir's rider
36. Spot in the Senate
38. Daffy Duck or Donald Duck
39. Good-looking
43. Minute amount
45. Breakfast companion?
46. Mother of Joseph
47. Delineation
48. Before the due date
49. Command to a dog
50. Derange
53. Swift horse
54. Any day now
55. Charlie, for one
56. Couple in the news
57. Portfolio
59. Camel hazard?

Leisure-Time Crossword 10

Across

1. Roman god of carnal love
6. Beer topper
10. Bit of a chuckle
13. Answer (for)
14. Join (with)
15. Experience
16. Arranges
17. Like some chatter
18. By any chance
19. Bashful
20. End of the world?
22. Pollster's discovery
23. Writer's block?
24. Glowing
27. State in the SE United States
31. Combustible matter
32. Bring down
33. Stable parent
35. Poker variety
39. Caravansary

40. "For Better or Worse" kid

41. Stout relative

42. Constant interrupter

44. 45, e.g.

45. Fragments

47. Crowd noise

49. Contrary to

51. More than worried

54. Suitable

55. Cost

56. Soprano Ponselle

58. Film rat

61. Start of New Hampshire motto

62. Diamond defect

64. Newly married woman

66. Puts to work

67. Cottage site

68. T-shirt size

69. Club _____

70. Previously owned

71. Brought to a close

Down

1. Vehicles

2. Orrin Hatch's state

3. Small horse

4. Writing fluid

5. Hopelessness

6. Some precipitation

7. Old-timer

8. Start of a Musketeer credo

9. Tint

10. Any port in a storm

11. Occurrence

12. Rancher's concern

15. Miami daily

21. Like Felix and Oscar

22. It gets under your collar

23. Historical leader

25. Continent

26. Face-off

27. Turn over

28. Solitary

29. Has

30. Wish, with "to"

34. 1040 org.

36. Shower

37. Austrian peaks

38. _____ Bank

40. Fall guy?

43. Vestiges

45. Competent

46. Strike

48. Dig it!

50. Bombast

51. Greet the dawn

52. Survived

53. Des Moines university

55. Fruit

57. Had creditors

58. Shuttlecock

59. Move sideways

60. Shortage

62. Grippe

63. Vegas opener

65. Wasn't colorfast

Intriguing Crossword 1

1	2	3	4	■	5	6	7	8	■	9	10	11	12	13
14				■	15				■	16				
17				18					■	19				
20					■			21						
22			■	23		24	25	■	26				■	■
■	■	27					28			■	29	30	31
32	33	34		■	35				■	■	36			
37				38		■	39		40	41			
42			■	43		44		■	45				
46			■	47				48			■	■	■
■	49	50			■	51				■	52	53	54
55	56				■			57		58			
59				■	60	61	62						
63				■	64			■	65			
66				■	67			■	68			

Across

1. Bed with bars
5. Not taken in by
9. Bit of inspiration
14. Beatles meter maid
15. Drops from above
16. Actor Quinn
17. At hand
19. Cottage occupied by caretaker
20. Round of voting
21. Direction taken
22. Arch
23. Astronomical sighting
26. American Greetings logo
27. Longitude
29. Healthful retreat
32. Pesto base
35. Is unable to
36. Sloth, e.g.
37. Wall Street worker
39. Kelp

42. CD-___
43. Maytag's home state
45. Smart-alecky
46. Chain letters?
47. Physical power
49. Sprint
51. Suds
52. That ship
55. Beams
57. The natural world
59. Downed
60. Gallant
63. County west of Tipperary
64. Out-of-round
65. Schnozzola
66. Camp sights
67. Disavow
68. Pulled

Down

1. Grouches
2. Competitor
3. Eco location
4. Get-out-of-jail money
5. William Jennings Bryan, e.g.
6. Get
7. Before, informally
8. White Monopoly bill
9. Ginmill
10. Devout
11. Oratories
12. Beggar's duds
13. Deep-___ bend

18. Companionless
21. Box
24. Conqueror
25. Nabokov novel
27. Thickness measure
28. Demented
30. Slapstick props
31. Capp of the comics
32. The ___: Shakespeare
33. Quotation notation
34. Helper of parable
38. Loci
40. Starry
41. Nursery cry
44. Spun by spiders
47. Parts of acts
48. Lightly
50. George's "Red ____"
52. Wit
53. Wipe off
54. Continue a subscription
55. Certain subdivision
56. Kind of bonding
58. Minister
60. Coin word
61. Time of anticipation
62. Palindromic name

Intriguing Crossword 2

```
 1   2   3   4       5   6   7   8   9      10  11  12  13
14              15                16
17              18                19
20          21      22      23
        24      25  26      27
28  29  30      31          32      33  34  35  36
37          38              39                  40
41          42      43      44      45
46          47      48      49      50
    51              52              53
            54  55      56      57
    58  59  60          61      62      63  64  65
66              67      68  69      70
71              72                73
74              75                76
```

Across

1. Ice cream purchase

5. Vaudevillian Foy

10. Six-sided state

14. Space

15. Spoils

16. Summon

17. word after tooth or ice

18. Peruses

19. Many a tournament

20. Sought answers

22. Erudite

24. Son of Adam

27. Take a gander at

28. Part of some uniforms

31. Flat slab of wood

33. "Sadly . . ."

37. Rhyming boxing champ

38. Gold medalist Lipinski

39. Skeleton's place?

41. Response to an insult

43. Motionless

45. Be generous

46. "I swear!"

48. In no time

50. Home room

51. Put on

52. Feel

53. It may be bitter

54. Fill with wonder

56. Stickshift selection

58. Close encounter of the second kind

62. Doesn't work

66. Ready to serve

67. Culpability

70. The going rate?

71. Quizmaster Trebek

72. Law partner?

73. Fair

74. Robin's residence

75. Disadvantaged

76. Buy by Benny

Down

1. Hemingway sobriquet

2. Tennessee's state flower

3. Make out

4. Movie shots

5. Muff

6. Fitting

7. Obsolescent phone feature

8. In fact

9. School assignment

10. Very soon after

11. Sprinter's goal

12. Got on

13. Setter

21. Chapter 11 issue

23. More than lifelike

25. A goner

26. Male deer

28. Alternative to plastic

29. O.K.

30. Bench site

32. Poker ploy

34. Record

35. Parenthetical comment

36. Seas count

39. Shut

40. Propend

42. The "p" in m.p.g.

44. Like a hippie's hair

47. Rump

49. Closefisted

52. Batten down

55. Transport vehicle

57. Send (to)

58. ____ slaw

59. Dollar bills

60. Barbershop call

61. All alternative

63. Prepare for a rainy day

64. Shoe holder

65. Satirize, with "up"

66. Rather on the air

68. Showed the way

69. Make an effort

Intriguing Crossword 3

1	2	3	4		5	6	7	8	9		10	11	12	13
14					15						16			
17				18							19			
20					21					22	23			
			24						25					
26	27	28					29					30	31	32
33					34	35					36			
37				38		39				40	41			
42				43	44				45		46			
47			48					49	50					
			51					52						
53	54	55				56					57	58	59	
60					61	62				63				
64					65					66				
67					68					69				

Across

1. Hit hard
5. Gaiety
10. Aggregate
14. Fictional plantation
15. Take off
16. Not duped by
17. Happening by chance
19. Complain
20. "Uh-huh"
21. Crew members
22. Spy guys
24. Forswear
25. Stretch across
26. Entry
29. Waver
33. Thick slice
34. Cricket team
36. O.T. book
37. "____ luego!"
39. Bass, for one

40. Policy position

42. Best guess: Abbr.

43. Hidden

46. All-knowing

47. Sample

49. Kaput

51. [see other side]

52. Assign to a role

53. Person who sells

56. Wise fellow

57. E'en if

60. Sound like a siren

61. Mark produced by pressure

64. Surface figure

65. Was able

66. War, to Sherman

67. Make indistinct

68. Bug

69. Water whirled

Down

1. Postponement

2. Curtain fabric

3. Mischievous

4. Spring time in Paris

5. Make clean

6. Unit of inductance

7. Breaks bread

8. "The Loco-Motion" singer Little ____

9. Health setback

10. Instant

11. Erelong

12. Number on a baseball card

13. Princes, e.g.

18. Executes

23. Profits

24. Binge consequence, maybe

25. Days of the week

26. Fire proof?

27. Envelope closer

28. Hindu social class

29. Hunt or Hayes

30. Recurrently

31. Keyed up

32. Terminated

35. Slangy send-off

38. Still kicking

41. Nincompoop

44. "West Side Story" song

45. Calamity

48. Worn around the neck

50. Draws on

52. Sophia's husband

53. Large mop

54. Viscount's superior

55. In ____ of

56. Created a web site?

57. Even-steven

58. Grasp

59. Unique

62. Calendar col.

63. Any ship

Intriguing Crossword 4

1	2	3	4		5	6	7	8			9	10	11	12
13					14				15		16			
17					18						19			
20				21		22				23				
		24			25		26							
27	28				29			30			31	32	33	
34				35			36	37		38				
39			40		41				42		43			
44				45		46				47		48		
49					50			51			52			
			53			54	55			56				
57	58	59						60		61			62	63
64					65				66		67			
68					69						70			
71						72					73			

Across

1. At a distance
5. Fleece
9. Reverberate
13. Character
14. To whom a Muslim prays
16. Thick carpet
17. Ale ingredient
18. Ross or Rigg
19. Hit the road
20. Daub

22. Fundamental law
24. Seize
26. "___, I'm Adam"
27. Actress Fonda
30. Paper clip alternative
34. Puzzle solver's shout
35. Purloin
38. Girder material
39. Peccadilloes
41. Ruin

43. Proof word
44. Bargain for
46. South Korea's capital
48. World view
49. Nice way to feel
51. Outline
53. Ventures
56. Ingots
57. In the strict sense
61. Twangy
64. One of the Ages
65. Seaplane part
67. "Good shot!"
68. Washington locale, with "the"
69. Championship
70. Mint product
71. Singer Williams
72. Tool repository
73. Bread leftovers

Down

1. Treaty subject
2. Lather
3. Loyalty
4. Slow up
5. Pitiable
6. Cut short
7. Burglar deterrent
8. It's all the rage
9. Approximate
10. Hew
11. Drag
12. Grimm figure

15. Clock pointers
21. Beggar's duds
23. Musical with the character Jennyanydots
25. Actress Mary ___ Hurt
27. Washbowl
28. River of Cologne
29. Darjeeling and oolong
31. Authorization
32. Corporate department
33. Skip off
36. Old greeting
37. Airshow maneuver
40. Abruptly
42. Check
45. Raise
47. Bank offering
50. What dodgers dodged
52. Republic in W Europe
54. ___ Island Immigration Museum
55. Laziness
57. Capital of Peru
58. Qum home
59. Acted the fink
60. Brown foe
62. Battery fluid
63. Camera's eye
66. Danson of *Becker*

Intriguing Crossword 5

1	2	3	4		5	6	7	8		9	10	11	12	13
14					15					16				
17					18					19				
20				21						22				
23							24	25						
			26			27	28		29			30	31	32
33	34	35	36			37		38			39			
40					41						42			
43					44					45				
46			47			48		49						
		50			51			52		53	54	55	56	
57	58	59				60	61	62						
63					64					65				
66					67					68				
69					70					71				

Across

1. Shot
5. Doesn't just sit there
9. Critical
14. Periodic movement of the sea
15. Sully
16. King of TV
17. Avatar of Vishnu
18. Vigorous
19. Debate
20. Greek philosopher
22. The going rate
23. Circus barker's talk
24. Jab
26. Clutter
29. Handhold
33. Ovis aries
37. Eastern cuisine
39. Where Aeneas fought
40. Gives a boost
41. Monte _____

42. Convenience
43. Colored eye part
44. Becomes long in the tooth
45. Impulses
46. Notice
48. Hinds
50. Challenger letters
52. Say one's piece
57. Fence supports
60. Forsaken
63. Hang out
64. Lariat
65. Buzzed
66. Kind of code
67. Till bills
68. Chip in chips
69. Point of view
70. Hornet's home
71. Take away

Down

1. Subway handhold
2. Miss America topper
3. Ticket word
4. Animal
5. Down the gangplank
6. Checked item
7. Cash cache
8. Catch some z's
9. Home to Denali National Park
10. Woodworker
11. Impulse
12. Straight

13. Black-____ Susan
21. Office fill-in
25. Buckeye's home
27. Dateless
28. Cut into small pieces
30. Downer
31. Come in second
32. Storm centers
33. Remarked
34. Add to the staff
35. Cut a movie
36. Indispensable
38. Likewise
41. Skimbleshanks' musical
45. Manipulated
47. Fortified feudal residence
49. Mr. Hemingway
51. Brother of Moses
53. Atoll makeup
54. Mindless
55. Camp sights
56. Beats by a hair
57. Father
58. *The Virginian* author Wister
59. Squealed
61. Tibia or fibula
62. Drs. Zira and Zaius, e.g.

Intriguing Crossword 6

Across

1. Year-end formal
5. Really enjoy
10. Party pooper
14. Hawkeye State
15. Chief concern?
16. Coin with 12 stars on it
17. Pertaining to electrons
19. Husky's burden
20. Part of Roy G. Biv
21. Judicious
22. Play time
24. Gaming cubes
25. Lifeline reader
26. Most recent
29. Casino activity
32. Choose
33. TV's Maverick
34. Stew ingredients
36. Tomorrow's woman
37. Shoe material

38. Office fill-in

39. ___ Lee cakes

40. Carhop's load

41. Press product

42. Bitter derision

44. Lustrous

45. Relative

46. Muffin choice

47. In seventh heaven

50. "More's the pity"

51. Sliding door site

54. Prefix for small

55. Air

58. Enthusiastic about

59. Bridle parts

60. Treaty subject

61. Pre-adult

62. Father

63. Shows, as a watch

Down

1. Fishing spot

2. Stage part

3. Was in the hole

4. Big ___

5. Stringent

6. Turned up

7. Trellis climber

8. Kimono closer

9. Make over

10. Variety

11. ___ of thumb

12. Harmonia's father

13. Mount Olympus dwellers

18. Intertwine

23. Serpentine swimmer

24. Proclamation

25. Run-down

26. Table supports

27. It's assumed

28. Land

29. Night vision?

30. Can't do without

31. Fun partner

33. Explode

35. Agile

37. Norm

41. Part of a large envelope

43. Give a line to

44. Lush, in a way

46. Light-colored

47. Shoot off

48. Betting odds

49. Stud fee?

50. Within

51. Designer Wang

52. *M*A*S*H* milieu

53. Role for Stack and Costner

56. Genteel affair

57. Is suffering from

Intriguing Crossword 7

1	2	3	4	5		6	7	8	9		10	11	12	13
14						15					16			
17						18					19			
	20				21						22			
				23					24	25				
26	27	28	29				30	31						
32					33	34				35		36	37	38
39				40		41				42				
43						44		45		46				
			47		48				49	50				
51	52	53					54							
55					56	57	58				59	60	61	
62				63					64					65
66				67					68					
69				70					71					

Across

1. Beginning
6. "What are the ____?"
10. *Summer and Smoke* heroine
14. Corporate division
15. Spin
16. Banquet
17. Perspire
18. Festive
19. Homer's boy
20. Inherently
22. Three oceans touch it
23. Mohs scale top
24. Christian festival
26. Old Wells Fargo vehicles
30. Hard outgrowths
32. ____ sapiens
33. Microwave option
35. Fingers
39. Greek salad morsel
41. Copper head?

42. Be ga-ga over
43. Patriarch
44. *Waterworld* actress Majorino
46. Thor's father
47. On the button
49. Father or mother
51. Stink
54. Good name, briefly
55. Stuff
56. They may be festive
62. Mortgage figure
63. Word after rock or sea
64. Lesser of two ___
66. Churchill successor
67. Test choice
68. Rhodes of Rhodesia
69. Left
70. Notices
71. "Them"

Down

1. Moron
2. Croquet area
3. Earnest request
4. Furnace output
5. Sagacious
6. Club publication
7. Card game start
8. Compaq competitor
9. Killer
10. Diplomatic official
11. Minimal
12. One of the Osmonds

13. Place for a sacrifice
21. Musical mark
25. Held on the stage
26. Oxford, e.g.
27. Kind of call
28. Betwixt and between
29. System of rule
30. Addiction
31. Novelist Wister
34. Shakespearean verb
36. Statistics calculation
37. The old sod
38. Transmitted
40. Hockey's Lindros
45. Parodies
48. Some trick-or-treaters
50. Each
51. Propeller type
52. Traffic
53. Consumed
54. Hotel posting
57. Kind of package
58. Hint
59. Cooker
60. Agreeable
61. Fat-free?
65. Wily

Intriguing Crossword 8

Across

1. Cosset
4. Roasting rod
8. Bring home the bacon
12. Plucky
13. Promising words
14. Beat everybody to the news story
16. Completely botch
17. Go up
18. Pit
19. Unfavorable
20. Lettuce arrangement
21. "Mamma ___!"
23. Fraternity members
24. Possibly
26. Sailor's yes
28. Gone by
30. Cacophony
32. Sprang up
36. Grasp
39. "Huh?"
41. Donated

42. Golfer Mitchell whose image is on the Ryder Cup
43. Survived
45. Tonic's partner
46. Page
48. Greenish shade
49. Sensed
50. Use a keyboard
51. Dated
52. Red or Dead
54. Civil ___
56. *The Tin Drum* author
60. Stir in
63. *The X-Files* org.
65. ___-wop (50s music)
67. Do ground work?
68. Do a double take, e.g.
70. Kind of bed
72. Commendably
73. Mme. Tussaud
74. Furnace fuel
75. Hearty hello
76. Dread
77. Consecrated
78. Like some socks

Down

1. Singer Abdul
2. Poet Dickinson
3. Blair's house number
4. Hurting
5. Discharged a debt
6. ". . . for what ___ worth"
7. The other side
8. Op-ed piece, e.g.
9. Play segment
10. Space
11. "___ of your beeswax!"
12. Hardly rosy
15. Cartridge holder
20. Plead
22. Follower of Christ?
25. Ill-behaved
27. It may be beaten
29. Nocturnal bird
30. Saul's successor
31. Detail
33. Vogue
34. The dark force
35. Departed
36. Stop
37. Observe
38. Bound
40. Small mountain
44. ___ Moines, Iowa
47. Not a lot
49. Out of the way
51. Moon, e.g.
53. Conceit
55. In imitation of
57. Out in front
58. Like a rock
59. Pitch successfully
60. Shot spot
61. Unheeding
62. Be bold
64. *The Seven Year ___*: 1955 film
65. Old phone part
66. Solely
69. Goss's org.
71. Solicit
72. Reporter's question

Intriguing Crossword 9

1	2	3	4		5	6	7	8	9		10	11	12	13
14					15						16			
17					18						19			
20				21				22		23				
			24			25	26		27					
28	29	30				31		32		33		34	35	36
37				38	39				40			41		
42				43				44		45		46		
47					48		49					50		
51			52	53		54				55	56			
			57		58		59		60					
61	62	63				64			65			66	67	68
69					70		71	72			73			
74					75						76			
77					78						79			

Across

1. Pops the question
5. Ocelot features
10. In this way
14. Flunk
15. 1943 conference site
16. Epitaph starter
17. Last Stuart queen of England
18. Actress Burstyn
19. Vogue
20. District
22. Went in
24. Shot in the dark
27. Vote in Congress
28. The dark
31. ____ *Town*
33. World record?
37. Commotion
38. Merited
41. "Bravo!" relative
42. Got together

43. Clear
44. Sonny's sibling
46. Hoodwink
47. Get down
48. Abstract
50. "So . . .?"
51. Loose
54. CBS anchor Rather in 2004 news
55. Game needs
57. Point
59. Wood finish
61. Public disgrace
65. Helix
69. Rhinoceros feature
70. Highways and byways
73. Raced
74. Bible preposition
75. Matter of debate
76. Peel of *The Avengers*
77. Reason to cram
78. Start-of-Lent mark
79. Secretary, for one

Down

1. At a distance
2. Balanced
3. Monarch
4. Sled
5. Public spectacle
6. Friend
7. Cruet contents, often
8. Leaves home?
9. A Corleone

10. Blackmail tactic
11. Listen to
12. Impel
13. Tournament hotshot
21. TV's *The ____ Limits*
23. Afternoon break
25. Vile
26. Juliet, to Romeo
28. Handles
29. Model of perfection
30. "____ go!"
32. Not take kindly to
34. Townie
35. What Garbo "vanted" to be
36. Mails
39. Succor
40. Put down, slangily
45. Do a full monty
49. Engine driver
52. Defeatist's word
53. Fool
56. One
58. *The Sound of Music* song
60. Chuckleheads
61. Sealed
62. Word after pine or nose
63. Graphic ____
64. Something that is lost
66. Seven Hills city
67. Venus de Milo's lack
68. Pipe problem
71. Bat wood
72. On the way

Intriguing Crossword 10

Across

1. Some are liberal
5. Sacks
9. It's insurable
13. Leaves port
15. Ill-favored
16. Shootin' ____
17. Fragrant
18. Ross and Bering
19. Arrange logically
20. Recite the rosary, e.g.
22. Way out
24. Played on stage
26. "Didn't I tell you?"
27. Suffix with law
28. Champ of 10/30/74
29. Easily molded
32. Spring month
34. Paying engagement
35. Curling or hurling
37. Satan

41. Sen. Bayh of Indiana

43. Courtroom event

45. Shipshape

46. Bo of *10*

48. Houston was its president

50. Wrong

51. Owl's question?

53. Detergent target

54. Heap

55. Seek an answer

58. Curved path

60. "Super!"

62. Wide strait

64. Examine by touch

65. Charge per unit

66. Garden entrance

68. Jazz pianist Marsalis

72. Spy novelist Ambler

73. Type of history

74. Saw things

75. Go after

76. On deck

77. Button, to Frosty

Down

1. Buffoon

2. Served like sushi

3. Rail support

4. Sacked out

5. Actively engaged

6. Bronze, for one

7. Lens

8. Method

9. One of the Simpsons

10. O. Henry specialty

11. Smithy

12. Big key

14. Underline

21. Take on

23. Peruse

24. Still with us

25. Cheroot

28. Elderly

30. Stronghold

31. Took a stab at

33. Still

36. Kind of stand

38. Prospect

39. Nincompoop

40. City between Boston and Salem

42. Mint

44. Jumbo

47. *Star Trek II: The Wrath of* ____

49. Houston, e.g.

52. State in the NW United States

55. Lots and lots?

56. Apportion

57. Couric of *Today*

59. County west of Tipperary

61. Comic DeGeneres

63. Make out

64. Thick fabric

67. April 15 payment

69. Feline sign

70. Part of T.G.I.F.

71. A miss

Entertaining Crossword 1

1	2	3	4	■	5	6	7	8	■	9	10	11	12	13
14				■	15				■	16				
17				18					■	19				
20			■	21					■	22				
23			24				■	25	26				■	
■	■	27			■	28				■	29	30	31
32	33	34		■	35				■	36			
37				■	38				■	39			
40			■	41				■	42				
43			■	44				■	45		■	■	
■	46	47				■	48			49	50	51
52	53			■	54	55			■	56		
57				■	58				59			
60				■	61			■	62			
63				■	64			■	65			

Across

1. Succotash morsel
5. Naysayer
9. Trail
14. Starting place
15. Came out with
16. Quarter back?
17. At the same time
19. Leave the straight and narrow
20. Valet
21. ___ wrench

22. Parenting challenges
23. They may be taxed
25. This and that
27. Attention-getter
28. Neck and neck
29. Robinson or Doubtfire
32. Flute player
35. Gaming cubes
36. Encounter
37. Inventor's start

38. Tungsten, e.g.
39. Wife in *Finnegans Wake*
40. Feudal estate owner
41. Australian export
42. Possessing wit
43. Street shader
44. Chex choice
45. Part of a balance
46. Hip to, with "of"
48. Not limited to one class
52. Accept
54. On the ball
56. Nabokov title heroine
57. Shield from
58. Contented
60. It may be perfect
61. Patch places
62. Land in the water
63. Pencil maze instruction
64. Track event
65. MTV viewer, most likely

Down

1. "I wanna!"
2. Bean sprouts?
3. Not accidental
4. Cape ____, Mass.
5. Fashion designer Laura
6. Metal spikes
7. Flooring option
8. Alike in every way
9. Tried out
10. Taxes

11. Mutual arrangement
12. Family
13. Lock openers
18. Compound of hydrogen and oxygen
24. In the lead
26. Replaceable shoe part
28. Hyperion, for one
30. Hire
31. Don't fold
32. Amass, with "up"
33. Golden calf, for one
34. Everlasting
35. Downcast
36. Down East
38. Secure
42. Desires
44. 39th president of the U.S
45. Suffer destruction
47. Unfavorable prognosis
48. Fence openings
49. Bring up
50. Fred's dancing partner
51. Bin ____
52. "Unimaginable as ____ in Heav'n": Milton
53. Emeril's need
55. Poet Angelou
59. In great shape

Entertaining Crossword 2

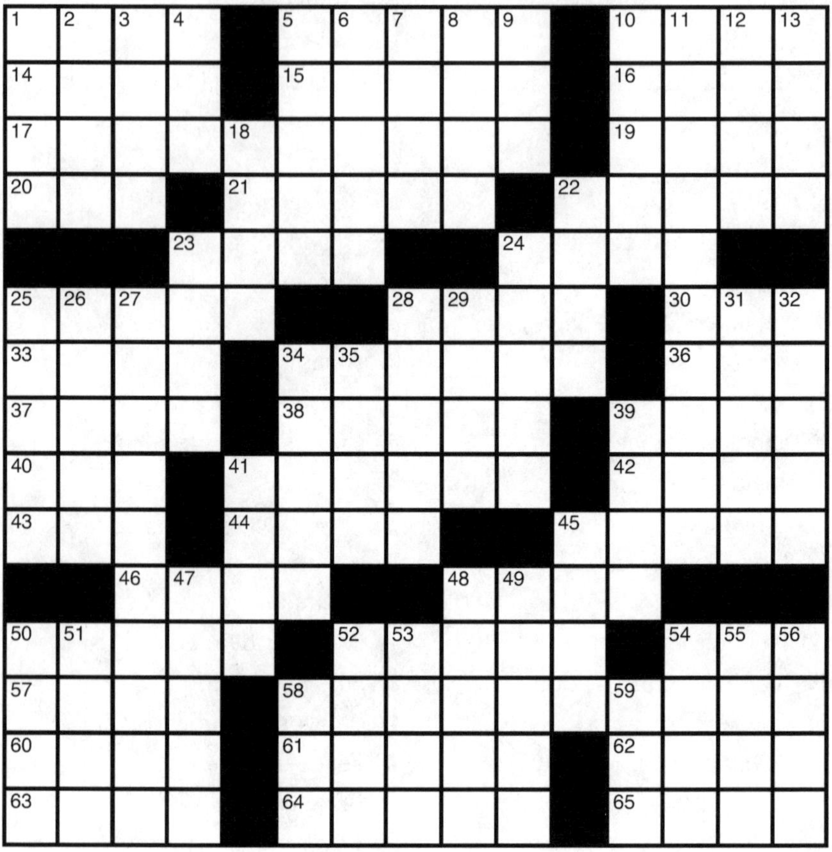
1 2 3 4 5 6 7 8 9 10 11 12 13
14 15 16
17 18 19
20 21 22
23 24
25 26 27 28 29 30 31 32
33 34 35 36
37 38 39
40 41 42
43 44 45
46 47 48 49
50 51 52 53 54 55 56
57 58 59
60 61 62
63 64 65

Across

1. Sailor's salutation
5. Things over there
10. Prefix with store
14. Remedy
15. Aspirations
16. Again
17. Betrothal
19. Look
20. Heavens
21. Revise
22. Chipper
23. Eternally
24. Looking up
25. Coward's lack
28. Free from bias
30. Tango requirement
33. Clock pointer
34. Lost in space
36. Yangtze feeder
37. Puts on

38. Oyster's prize
39. Makes a lap
40. Joanne of *Red River*
41. Pat on the back
42. A long time ago
43. "Sure thing!"
44. Sandwich choice
45. Illumination
46. Subsequently
48. Go to sea
50. Deodorant type
52. Driving hazard
54. Buddy
57. "Aquarius" musical
58. Vocation
60. Long time
61. Out of bed
62. Temple figure
63. Go well together
64. La Scala offering
65. Buck

Down

1. Big hearts?
2. Chunk
3. Unbridled indulgence
4. Vote for
5. Subject
6. *Eight Bells* painter Winslow
7. Big tournament
8. Put in the mail
9. D.C. setting
10. He took two tablets

11. All things
12. Strange person
13. General assembly?
18. Kicked in
22. After-dinner drink
23. They may be split
24. Biathlete's need
25. Of ill repute
26. Military chaplain
27. Productive enterprises
28. Physically weak
29. They're sometimes put on
31. Look attentively
32. Get-go
34. Tied protector
35. "Agreed!"
39. Dirty
41. Word in many John Sandford bestsellers
45. Fiction collection
47. Draconian
48. Less dicey
49. Madison Square Garden, e.g.
50. Impostor
51. Leaf
52. Film crew member
53. Get beaten
54. Remain
55. It's over your head
56. Lacking siblings
58. Old hand
59. Pitcher Fernandez

Entertaining Crossword 3

Across

1. Group of players
5. Biathlete's burden
10. Primer pooch
14. Stead
15. Documentarian Morris
16. Accessory for Frosty
17. Shrewd
18. Leave off
19. Pull (in)
20. "Ciao!"
21. State in the NE United States
23. Boutique
25. Emblem
26. Laughable
28. Acadia National Park locale
30. Weight lifter
31. Fake drake
32. Seesaw requirement
35. Akron product
36. Habituate

37. Agonize

38. Slop stop

39. Whet

40. Wedding ritual

41. Cloverleaf parts

42. Quickly

43. Small assemblage

45. Heavy footwear

46. In a practical manner

49. Inebriated

52. Put in order

53. Lock site

54. Mexican dish

55. Beat by a nose

56. Photographer Leibovitz

57. On the top

58. Juror, in theory

59. Commit to memory

60. Column next to the ones

Down

1. Say too much

2. Well-ventilated

3. Essential

4. Simpleton's utterance

5. Catalog

6. Cara of *Fame*

7. Humorist Lebowitz

8. Get whupped

9. End of a race

10. Pixie

11. Chessman

12. Poppy product

13. Boy Scout's need

21. Apple leftover

22. Talk show host Danza

24. ___ out (ignore)

26. *Hamlet* quintet

27. Falklands War participant

28. Wherewithal

29. Kind of rock

31. Sink sound

32. Interpret

33. Wild place?

34. Dog in *Beetle Bailey*

36. Hot and humid

37. 12 inches

39. Spurt

40. City of Paris

41. Compartment for safekeeping

42. Common allergen

43. Mark

44. Where the deer and the antelope play

45. Britain's Tony in the news

46. Kind of school

47. Walking stick

48. Sigmund's daughter

50. Computer symbol

51. Spinners

54. Tit for ___

Entertaining Crossword 4

A crossword grid with numbered cells. The grid is 14 columns wide. Numbered clues begin at:

Row 1: 1, 2, 3, 4, 5, [black], 6, 7, 8, [black], 9, 10, 11, 12, 13
Row 2: 14, 15, 16
Row 3: 17, 18, 19
Row 4: 20, 21, 22
Row 5: 23, 24, 25, 26
Row 6: 27, 28, 29, 30, 31, 32, 33, 34
Row 7: 35, 36, 37, 38, 39, 40
Row 8: 41, 42, 43, 44
Row 9: 45, 46, 47, 48
Row 10: 49, 50, 51, 52
Row 11: 53, 54, 55, 56, 57
Row 12: 58, 59, 60, 61, 62, 63, 64, 65
Row 13: 66, 67, 68
Row 14: 69, 70, 71
Row 15: 72, 73, 74

Across

1. Not even once
6. Downs' opposite
9. Vacation spot
14. EGBDF part
15. "Hardly!"
16. Kind of roll
17. Tippy craft
18. Abnormally
19. Coveted statue
20. Clove hitch, e.g.
21. Delivered
22. Garden intruder
23. Photog's request
25. Hurricane center
27. Paint layers
30. Task
35. Be in the hole
38. Them
40. State with a five-sided flag
41. Get a grip on

43. Beatitudes verb

44. Hunky-dory

45. *Casablanca* role

46. Intrude upon

48. Gibson of *Braveheart*

49. Morals

51. Writer Wharton

53. Exclamation

55. Mall units

58. Feathers

61. Imprint

64. Deficiency

66. Theme

67. Purchase

68. Cherish

69. Goodnight girl of song

70. Long time

71. Hold up

72. Cartoon part

73. Made tracks

74. Falls

Down

1. Chicken part

2. *Dynasty* star

3. Poisonous fluid

4. Hot

5. Toast option

6. "Do ____ others as . . ."

7. Needy

8. Pit

9. Fall of rain

10. Water carrier

11. Years ago

12. Street

13. "To ____ is human . . ."

21. Tuckered out

24. Airshow maneuver

26. Affirmative reply

28. Conjunction

29. Wait on

31. Commotion

32. Start of a break-in

33. Sight in Memphis

34. Toots

35. Shrek, for one

36. Habeas corpus, e.g.

37. Apiece

39. Crack the books

42. Manage moguls

44. ____ Arnold's Balsam
   (old patent medicine)

46. Sort of: Suffix

47. Flat circular plate

50. Annul

52. Owner

54. Color of honey

56. 16th-century painter Veronese

57. Toss out

58. "Dumb" girl of old comics

59. Unfolded

60. Fermented grape juice

62. Ambiance

63. Clancy hero Jack

65. Locksmith's stock

66. Bellboy's bonus

68. Do sums

Entertaining Crossword 5

Across

1. Prospector's need
4. Get by
8. Flesh of a cow
12. Closeout
13. "What's gotten ____ you?"
14. Boot in geography class?
16. Till stack
17. Regarded guardedly
18. Babe Ruth's number
19. Ahead of the pack
21. Sport
23. Football positions
24. Take steps
25. Get better
27. Crankcase fluid
29. Fleet
30. "Is that ____?"
31. Journey part
34. Surfer's gadget
37. Beak

38. Musical sensitivity

39. In charge of

40. FYI part

41. Nozzle site

42. School setting

43. One on your side

45. More than enough

47. Illustrative craft

48. Bit of hope?

49. Sweetums

50. Stiffen

51. Understands

52. Friend of Frodo

55. Label info

58. All ____

60. At that place

62. Think tank output

64. Put on

66. Mean business

67. Needle point?

68. Defeat narrowly

69. Relax

70. Get whupped

71. E-mail, e.g.

72. Small number

Down

1. Wall Street worry

2. On one's toes

3. Promontory

4. Crusty dessert

5. Regardless

6. Harden

7. Teetotaler's order

8. Mouthpiece of a bridle

9. One of the Barrymores

10. Bring home

11. Ran away

12. Comfy spot

15. "Absolutely"

20. What this isn't

22. "Let's ____"

26. Festive night, often

28. Out of the pink?

29. ____'easter

30. Beach ball filler

31. Bolshevik Trotsky

32. Word after Far or Near

33. Dull colour

34. Civil rights figure Parks

35. Continuously

36. Potatoes' partner

37. Male child

40. Move through the air

41. Part of H.M.S.

43. Exist en masse

44. Behind schedule

45. Darling

46. Survive

49. Plan

50. Senate spots

51. Mark

52. Low card in euchre

53. Spring

54. Change states, in a way

55. Break a Commandment

56. Loved one

57. Shutout score

59. Gets ripe

61. Lifesaver

63. "____ Cried" (1962 hit)

65. Sparks or Rorem

Entertaining Crossword 6

1	2	3	4		5	6	7	8		9	10	11	12	13
14					15					16				
17				18						19				
20							21		22					
			23		24		25							
26	27	28					29	30				31	32	33	34
35				36	37				38					
39			40		41			42			43			
44				45			46			47		48		
49						50				51	52			
			53				54	55						
56	57	58	59				60		61			62	63	64
65					66		67							
68					69					70				
71					72					73				

Across

1. Ukulele feature
5. Discharged a debt
9. Insurgent
14. Sound from Simba
15. Last Stuart queen of England
16. Skirt
17. Companion
19. Puts together
20. Sixth planet
21. Adversary
23. Galileo's home
25. Pencil holder
26. Tear
29. Yule
35. Overtime cause
36. Scandinavian native
38. Dwell
39. Train track
41. Stupid
43. Fort _____ (gold site)

44. *Measure for Measure* villain
46. Clothes
48. Vein pursuit
49. Marvelous
51. Goods
53. "Is that so!"
54. Jersey, e.g.
56. Debased
61. Look up to
65. Model
66. Acquittal
68. Slowpoke
69. Abstract composer Satie
70. Composer Stravinsky
71. Sturdy
72. Johnny Bench's team
73. Newshawk's asset?

Down
1. Brothers
2. Soprano Ponselle
3. Word after Far or Near
4. Company of actors
5. Hurts
6. Bibliophile's suffix
7. Fascinated by
8. More profound
9. Contrition
10. Writer Hunter
11. Harden by heat
12. Garden site
13. Just in case
18. Weeps

22. Twinned
24. Capstone
26. Scarecrow's makeup
27. Upright, e.g.
28. Prevail
30. Caste member
31. "Shame!"
32. Lesser
33. Love lots
34. Battle of the ____
37. Put on a pedestal
40. Set the pace
42. Remain sullen
45. According to law
47. Rustle, as silk
50. Tributary
52. Get
55. Narrow joining pieces
56. Signal receiver
57. Bart's teacher
58. Tackle
59. Late-night fridge visit
60. Dreadful
62. Thus
63. They may be inflated
64. "A ____ formality"
67. Pitcher Fernandez

Entertaining Crossword 7

1	2	3	4	5		6	7	8	9		10	11	12	13
14						15					16			
17				18							19			
20				21					22	23				
24			25				26							
		27				28					29	30	31	
32	33	34			35				36					
37					38					39				
40			41		42				43					
44				45				46						
		47				48				49	50	51		
52	53	54				55				56				
57				58	59					60				
61				62					63					
64				65					66					

Across

1. Small nails
6. Guesstimate
10. Mark left by a healed wound
14. Be in store for
15. Interpretation
16. Gentleman of the road
17. Specific
19. *Jeopardy!* name
20. Prior to
21. Took a hack

22. Believable
24. Demolish
26. Faith healer's command
27. With it
28. Non-military Padre
32. Employee motivator
35. King's title: Abbr.
36. Garden tool
37. Place to stop
38. Got fed up?

39. ___ *Brockovich*
40. Fearful anticipation
42. Train unit
43. Starbucks serving
44. Lookout
46. Sun. speech
47. God of love
48. Actual
52. Intro
55. Smallville family name
56. Significant period
57. Actress Moore
58. Executives
61. Ruin
62. Like gastric juice
63. First name in talk shows
64. Unaccompanied
65. "Why don't we?"
66. Villain's look

Down

1. Put a bandage on
2. Clued in
3. Gives a rap
4. Word with mess or press
5. Agitated
6. Investigate closely
7. Story
8. Alias letters
9. Capital of Germany
10. English dramatist
11. "Unforgettable" singer
12. Cain's victim
13. Popular theater name
18. Poultry enclosure
23. Goddess with cow's horns
25. Ominous
26. Stream of water
28. Heavy ___
29. Like cranberries
30. Reduce a sentence, perhaps
31. Lacoste of tennis
32. Says further
33. Metal filament
34. Prayer ending
35. Meet expectations?
41. Calamitous
43. Correspondence
45. Usual
46. Belt out
48. Detective's discoveries
49. Artful Dodger?
50. "Boner's" aardvark
51. Slangy send-off
52. "What are the ___?"
53. Heating fuel
54. Austen novel
55. Work with yarn
59. Top gun
60. Back-to-work time: Abbr.

Entertaining Crossword 8

Across

1. Kramden or Nader
6. Ran away
10. Pesky kid
14. Cast out
15. Baptism, for one
16. Michigan college or its town
17. Railroad car
18. Solitaire stone
19. Jazz or Blues
20. Annual foursome

22. Come out
24. Keister
25. Began
26. Borders buys
29. Quivers's boss
30. A Gardner
31. Questionable
33. Enjoy
37. Chaos
39. Like some talk

41. Pool division
42. Computer key
44. Standard of excellence
46. Motel freebie
47. Clobber
49. Rotated
51. Scrape
54. Inheritance factor
55. Direction taken
56. Inconsistent
59. Diva's moment
60. Zippo
62. ___ wave
64. Harangue
65. Ova
66. Goddess of peace
67. Apart from this
68. Understands
69. Quit

Down

1. Dreaded ink color
2. Line on a graph
3. Come-on
4. Start of a Jean Kerr title
5. Feminine pronoun
6. Call to a bellhop
7. Kissers
8. H, to Herodotus
9. Wipe out
10. Fatherly
11. George's *Red* ____
12. Photograph
13. Titled
21. Haven
23. *War of the Worlds* world
25. Panache
26. Reputation
27. Bakery appliance
28. Expansive
29. Shadow
32. Common alias
34. Fruitless
35. At the moment when
36. Buy by Benny
38. Not together
40. Slangy send-off
43. Tellers?
45. Insane person
48. They're in the act
50. Call it a day
51. Close shave
52. Key material
53. Archaeological site
54. Not Astroturf
56. Add fringe to
57. Mental flash
58. Axes
61. Kind of limit
63. Big name in jeans

Entertaining Crossword 9

Across

1. Ivory product
5. Facts and figures
9. Abu Dhabi deity
14. Insidious
15. Large-scale
16. *Like Water for Chocolate* author Esquivel
17. Walk in water
18. Datum
19. Person with a title
20. Chief
22. Royal wish
24. Break
25. Father Christmas
27. Exclamation of disgust
29. Jimmies
31. Dogcatcher's need
33. Positron's place
37. Rue Morgue perpetrator
38. *Simon Boccanegra* setting

40. Prize money

41. Take for a while

43. Tag pursuers

44. Dennis the Menace's mother

45. Fielding average lowerer

46. Where the heart is

48. Step to the plate

49. Storm preceder

50. Finder's ____

51. Court call

53. Mr. Potato Head piece

55. Hearsay

57. Gullible one

60. Mug

62. Prime

65. Come in second

67. Parrot

69. Mr. Greenspan

71. Pert. to Asia

72. In that case

73. Drug smuggler

74. Actress Shearer

75. Engage

76. Very beginning

Down

1. Give a darn?

2. Track shape

3. Gofer

4. Tot's "magic word"

5. Cabinet department since 1947

6. Independently

7. Square one?

8. Takes steps

9. "Sing ___ with Mitch"

10. Legal science

11. Air bag?

12. Purlieu

13. Dwell upon

21. Peril

23. Away from the office

26. Bar request

28. Burglar's take

29. "Lulu," e.g.

30. Oyster's prize

32. Alleviate

34. Extended family

35. *Sesame Street* grouch

36. Assemble

37. Writer Waugh

39. Courteous

40. Security round

42. ____ *Like It Hot*

47. Somebody

50. To mate?

52. Visions

54. Boxing site

56. Poe family name

57. Reach across

58. To boot

59. Twosome

61. Actress Mary ___ Hurt

63. Board game

64. It may be tall

66. Rotating piece

68. McBride of *Boston Public*

70. Beatty of *Deliverance*

Entertaining Crossword 10

Across

1. OT prophet
5. Originated
10. Atlantic catch
13. Queue
14. Spa handout
15. Place to moor
16. Approval
18. Harbinger
19. Maiden name lead-in
20. Diminished by
21. Recollection
23. Use a mop, maybe
24. Pitch in
25. Firstborn
28. Battle
32. Quantum ___
33. Mizzen
34. Bean concoction?
35. Facts
36. Fence supports

37. Brunch, e.g.

38. In any case

39. "Hogwash!"

40. Deftness

41. Uneasy

43. Faculties

45. Substance

46. Castle's protection

47. Means of approach

50. Detergent target

51. Neon, e.g.

54. Credit union offering

55. Youthful

58. Type

59. Katmandu's country

60. Beheaded Boleyn

61. Longtime

62. Itsy-bitsy

63. Win

Down

1. Hale of TV oldie *Gilligan's Island*

2. Nursery rhyme trio

3. Fairy tale starter

4. Drop in on

5. Swear (to)

6. Cook one's goose

7. Has power over

8. Like Chianti

9. Weather

10. "Dream Along with Me" singer Perry

11. Walkie-talkie word

12. Say it isn't so

15. Expression of praise

17. Good thing

22. Little helper

23. Division of a company

24. Party leaders

25. More mature

26. Part of A.W.O.L.

27. Palm fruits

28. Perry Mason stories

29. Bean products?

30. Quit

31. Yarns

33. Like tasty cake

36. Agreeable

42. "____ Girls"

43. Very much

44. Breaks bread

46. Lombardy's capital

47. Plus

48. Refrigerate

49. Wit

50. No-brainer?

51. Characteristic carrier

52. Siam visitor

53. Pace

56. Twister Joey

57. Capri or Corsica

For the Birds

```
P H H L H U J R R M Y T Z D P Q H H C O
P N S M V C C B M V E X W E G R E T U X
F J T J B N N P Z R U S W A L L O W D S
U O B O B W H I T E D K O V R O D N O C
Y B Y N K G H N F N M D R D O B I O V M
A T E K F Z U F O N T U R O O R L R E R
Y W K L I O M L L U D F A A T D B E O Y
Q G R O A C M P L R K K P O L S T H R K
I Z U E G G I J I D E I S X S L N K P A
S M T M E C N B L A N K R J N T A G E P
W C F A G A G I E O T E C N B O R M L W
A K R S D N B R T R V T K E Y X O I I F
N A X J I A I L C H O E N C P E M L C Q
X O Z K R R R C A R G B B I I D R B A H
G O C S T Y D R R C J I U I U H O P N B
J O A L R F X A D I K Z N Z R G C O S E
M K O K A X P N I K G B Z P Z D N Q W O
W C C S P F B E N J C H I C K A D E E Z
Q U J K E O O T A K C O C R O W R D P F
D C L J P T C Y L G X Q V P D K N D V C
```

BLACKBIRD	EGRET	OSTRICH
BOBWHITE	EMU	PARROT
BUZZARD	FALCON	PARTRIDGE
CANARY	FINCH	PELICAN
CARDINAL	GOOSE	PENGUIN
CHICKADEE	GULL	ROADRUNNER
CHICKEN	HERON	SPARROW
COCKATOO	HUMMINGBIRD	STORK
CONDOR	JAY	SWALLOW
CORMORANT	LOON	SWAN
CRANE	LOVEBIRD	TURKEY
CROW	MALLARD	WARBLER
CUCKOO	MOCKINGBIRD	WOODPECKER
DODO	NIGHTINGALE	
DOVE	ORIOLE	
DUCK	OSPREY	

Family Names

```
Q K P U A C H E R N A N D E Z B V T V G
J O H N S O N O S R E D N A S C I D I S
O C T X F A D A M S T S U P M B E H K W
N A R G F R N Z M R C L I A A W Z U N F
E M E T I H W I I O L L D K I N G Y W Z
S P M G N Z V B T B L Z E L L C A Z W Q
Y B U E O E R T C I I R S G L O R M R G
E E E S S N P K H N H O R F I Z M A I T
Z L E Y K I Z P E S N E L T W C A K G B
Z L G Z C T C A L O E P O W R L R S H N
K E I L A R A U L N O S P M O H T I T H
I W R J J A E Y S E N A E N R R I R C H
N I G E U M L L L E Z H Z L E I N R Q H
I S G N P E I A L O T U E B T L X A T S
L O I M K R A L C I R R O S R Z S H U E
A K S S I V A D M D M R H E A N W O R B
J P T R N K A S K N J A K X C M M O N Z
G X T M R O M J J Y L R E G N U O Y E A
X F I K G J R E K L A W K J D M A H R W
Q X A O E Q F V M P J R O L J E R D T Z
```

ADAMS	JACKSON	ROBERTS
ALLEN	JOHNSON	ROBINSON
ANDERSON	JONES	RODRIGUEZ
BAKER	KING	SCOTT
BROWN	LEE	SMITH
CAMPBELL	LEWIS	TAYLOR
CARTER	LOPEZ	THOMAS
CLARK	MARTIN	THOMPSON
DAVIS	MARTINEZ	TURNER
GARCIA	MILLER	WALKER
GONZALEZ	MITCHELL	WHITE
GREEN	MOORE	WILLIAMS
HALL	NELSON	WILSON
HARRIS	PARKER	WRIGHT
HERNANDEZ	PEREZ	YOUNG
HILL	PHILLIPS	

Card Games

```
K N D S D Q Z R H D M O K V W B L P G M
R E J Y Z Y P I M S Y Y R S Z T W C N E
X W M A Y F C E E A U T S I H W D W M S
C M Q E D B V R L Q Y S G E S I I O O I
I A U J I W H I G B U K A B C P M N V J
V R O F X C T H X R B R A R X B P Z X Q
A K J K U W Q S U G T L I S B O E H P W
S E V E N C A R D S T U D T K Z D K U N
K T H R K U C R I B B A G E Z P D R I S
F U G I N Z B T D J Y S R I F N U Q J D
M B S A Z X W A I D Y Z V G D P R D R R
X L W T Y W G R Y F R E E C E L L E U N
U K C I H B L A C K J A C K U D D M G P
R I L L H F P C A B R M C O R I M O F I
Q X K O I O X C N Y R Z I E P Y K N P N
F W I S N D Z A A V O I D S V L F A R O
Y U H T S D A B S M L D D L E I F N A C
W O O N P X Y U T X O I F G X R F W Y H
D O A N O R T K A G S P A D E S E R J L
N P A T I E N C E P S R R K X E C A J E
```

BACCARAT	MISERE
BLACKJACK	NEWMARKET
BRIDGE	PATIENCE
BUNKO	PINOCHLE
CANASTA	POKER
CANFIELD	PONTOON
CRIBBAGE	RED DOG
DEMON	RUMMY
EUCHRE	SEVEN CARD STUD
FARO	SNAP
FISH	SOLITAIRE
FIVE CARD DRAW	SPADES
FREE CELL	SPIDER
GIN	WHIST
HEARTS	
KLONDYKE	

Arboretum

```
F H S Z P I E W A D C W N H E S N M F A
N O L A A W P B G D F H Z Y Y M P Y T J
K P H J Z E P I E N W P E C O O L R I L
A T X E Q Q N I R U B K A R P G E E P B
N N U U U K G O L G C M I L R N E P S A
B Y N A G O H A M U O A A I U Y P I B W
X I Z O U T I V B R T R L E M O N N T Z
G P S P W R L T E D T N A Y N A B U M F
Q U S A N D A L W O O D L N P X N J N Z
S L H A S L A B S C N R D P G T T A N Y
X E D Q Q S T M V P W R E Z S E U E Z P
L R Q O T M A P L E O H R E C A N S A M
R U D U O U C F N H O M H T T S O U N K
E A D O O W N O R I D C U V M H C X T Q
P L N E O I D L M A G N O L I A O C X E
A G O U N W A E A D S Z A C B H C R I B
L C M P F I G P R W R P K S S E R P Y C
V L L M E I P O L A U O A K S P R U C E
C Q A N F L R J D T R K G E J W T R G X
E W P E E F Y O F Y R H Z W B V G S Y G
```

ALDER	EUCALYPTUS	PALM
ALMOND	FIG	PINE
APPLE	FIR	POPLAR
ASH	GINKGO	REDWOOD
ASPEN	HAWTHORN	SANDALWOOD
BALSA	HICKORY	SASSAFRAS
BANYAN	IRONWOOD	SEQUOIA
BIRCH	JUNIPER	SPRUCE
BUCKEYE	LAUREL	SYCAMORE
CHERRY	LEMON	TEAK
CHESTNUT	MAGNOLIA	TULIP
COCONUT	MAHOGANY	WALNUT
COTTONWOOD	MAPLE	
CYPRESS	MULBERRY	
DOGWOOD	OAK	
ELM	ORANGE	

Medical Words

```
R S T E T H O S C O P E R T U S S I S I
N A I C I S Y H P G I A R D I A S I S F
G J I S U R I V E L I N T S E W Q C I E
P G O N O R R H E A F D G H D R U G S V
S I C K S I N O I T P I R C S E R P O E
H S O A N I R R O C H L A M Y D I A I R
I N U I P J L E N O I H E A L I N G D S
G L W R L P K I T C F O Z F A A F G I V
E M L E G O O H H C S F X I C S L K R E
L X E N L E P I E P A P I E I I U X O G
L Y A A E L O R N F Y B M C D T E S P J
O R M M S S N N A T H S O U E I N I S N
S P R E I L S E R C M E E L M T Z S O K
I U E S R N E E S P T E A S Y A A O T B
S A M E B I A S I S A I N L A P Q N P V
E H E P A T I T I S B I C T T E M G Y D
I Z D D M S I T I G N I N E M H S A R D
B H Y E R E T E M O M R E H T F Y I C D
A T N E I T A P Y C N E G R E M E D D Y
R T I N T E R N R U B E L L A N U R S E
```

AMEBIASIS	HEALTHY	PHYSICIAN
APPOINTMENT	HEPATITIS A	POLIO
CAMPYLOBACTERIO-	HEPATITIS B	PRACTICE
SIS	ILLNESS	PRESCRIPTION
CHLAMYDIA	INFLUENZA	RABIES
CRYPTOSPORIDIOSIS	INTERN	REMEDY
DIAGNOSIS	LYME	RUBELLA
DISEASE	MEASLES	SHIGELLOSIS
DRUGS	MEDICAL	SICK
EHRLICHIOSIS	MENINGITIS	STETHOSCOPE
EMERGENCY	MUMPS	SURGEON
EXAMINATION	NURSE	SYPHILIS
FEVER	OFFICE	THERMOMETER
GIARDIASIS	PAIN	TREATMENT
GONORRHEA	PATIENT	WELLNESS
HEALING	PERTUSSIS	WEST NILE VIRUS

Cash

```
U S W B C D E U C Y P R U P I A H S F I
Z L G E O P A P P Q J T H C Y T O L Z K
J Q Z Z G L C I X R R P O U N D S I L J
J P Z L D Z I U A U G U P H U S Y R D J
R V E D U R F V G T V K P C B U N E F E
G D D S D G A X A M J N S E L B U R U S
V X R D E S R C O R D E X P E T R R Q F
T U C C A T O E H N E W K H S S O Z G D
Y B T K T A A E N M A S Y C G H K D V N
S K G H B U K S K O A H H Y J A I Y G A
K A W P Q W F K C S R E C O V R J T J R
U S P E S O S G R H M K P A H P G R L E
T I I M R B Q I S A I E T A W V U E W A
I S T I G G N I R B M L M V F K I M S I
Y R N W A E H K K M V S L D O L L A R S
F T H I Q V S K E L C A C I P V D E W T
U U E Y S Y E B D N B G F L N N E Y D B
H R G N M R S L A Y I R Y Y I G R N B C
P B U F K O B R A H M D I N A R S K X X
D H J T G A F P Y S T F V E W D D V L S
```

BAHT	GUILDERS	POUNDS
BOLIVARES	KORUNY	RAND
DEUTSCHE MARKS	KRONER	REAIS
DINARS	KWACHA	RINGGITS
DIRHAMS	LEI	RIYALS
DOLLARS	LEVA	RUBLES
DRACHMAE	LIRE	RUPEES
ESCUDOS	MARKKAA	RUPIAHS
EURO	NEW SHEKELS	SCHILLINGS
FORINT	PESETAS	YEN
FRANCS	PESOS	ZLOTYCH

Music Makers

```
B A G P I P E S A X O P H O N E B M N G
A Q C T T R O C L A R I N E T S P J U Z
N G Y Q H N C Q Q A B U G L E I G I T F
J W O Y A O L L E C J M C M P V T C R L
O E N I R U O B M A T D I J I A E W O E
P N P D M E F R E N C H H O R N J T M T
I N I M O L Z E G P C O L N G V E U B U
N O E C N E X I N A V I N L X P R T O L
N R N R I L M O S O N M I C M D I H N F
J J O X C U U D S E H S Y U E M A E E I
U B H H A K R E A T H P R R P R N P H D
R O P Y L U D N L H E T A A P T T O G D
L O O T F E O L O T S N N R O L B I U L
F I L Z B J G R S S S I A Y B A U L N E
U B Y O A R N U L A A I Y T S I C L D A
S K X L C K O A L R B B H S S I V A T Y
H Z O P R C B F E F B U O W M A Y C M B
G I K B R M I Y B D Z O T E Q L C B H S
V F V V Y F K P A S N Q R E C O R D E R
B S N C E F G E C Z B A V U Q L E T P T
```

ACCORDION	DULCIMER	SAXOPHONE
BAGPIPES	ENGLISH HORN	SNARE DRUM
BANJO	FIDDLE	SYNTHESIZER
BASS	FIFE	TAMBOURINE
BASSOON	FLUGELHORN	TIMPANI
BELLS	FLUTE	TROMBONE
BONGO DRUM	FRENCH HORN	TRUMPET
BUGLE	GUITAR	TUBA
CALLIOPE	HARMONICA	UKULELE
CASTANETS	HARP	VIBRAPHONE
CELLO	KAZOO	VIOLA
CHIMES	ORGAN	VIOLIN
CLARINET	PIANO	WHISTLE
CONCERTINA	PICCOLO	XYLOPHONE
CYMBALS	RECORDER	

Tied in Knots

```
N H G K M T M T J J Q T J U I W R B X T
Q H Q N E T T I N G K N O T N H D R O C
L G T L N D K H Y E I W N N H J U A B G
D L H O S C D M G C M B E C K E D I L S
L W A I N M O N A I X A N K O P G D O W
K M L N Z K X Z E R E I L T D H I X O S
R N Y F Y F D O U B L E H I T C H L P M
F R A L S A P N K C K I R W F X J G S M
N A R H K M R G O T G C N U F T Z R V W
P Y D V S E E D T M Z E A E G Q T A H A
Y E U Z T P O S F P A N Z T S I E N T S
M V O G O R E B O W L I N E M P F N O P
V J R Z P K E E Q O X W D B O W I Y N S
R P H N P P B Z H G N T E R I F B K K J
V K S N E W I N D S O R K N O T E N E P
K M Q H R C L O V E H I T C H L R O L B
F M U L B A H C T I H F L A H H S T G M
Z Q A I P B C C T O N K L L A W C R N C
F V R J P L Z C M S L J R S X B O Y I I
G X E J M E H Q B V I E W M Y T S X S D
```

BIGHT	GRANNY KNOT	SINGLE KNOT
BOWLINE	HALF HITCH	SLIDE
BRAID	HALYARD	SLIPKNOT
CABLE	JAM	SQUARE
CLINCH	LANYARD	STOPPER
CLOVE HITCH	LOOP	TACK BEND
CORD	MARLINESPIKE	TIMBER HITCH
DIAMOND KNOT	NETTING KNOT	TWINE
DOUBLE HITCH	NOOSE	WALL KNOT
FIBER	ROPE	WINDSOR KNOT
FIGURE EIGHT	SHEEPSHANK	YARN
FILAMENT	SHROUD	

Fruit

```
K Y N P S C B L V T P P R N M V P O Z J
H R X P I H L N B F S T A K F I G T F G
A R L B D Y U T G E E N P P F N U R S P
J E K P I N E A P P L E R Q A N Z Q M W
C B U L E F B E E D A Z I M O Y T E J D
H L K Q W K E K C J W N C C C M A G L Y
J U L U B K R T E U Q A O F U H R N X U
O M C R M F R U A P R C T L T A E A J C
L D W K N Q Y A B N U R P E E O Y R T Y
B N F W L Q U R E E G O A P R M R O R E
T I U R F E P A R G M E L N I M R R E Y
Y H I D J G B G T E N I R A T C E N N T
R T A X T W Y E G O B A L I T B B L H W
R T C C T W D R R F J K V H N N W W O Z
E B A N A N A X M R K D C A X E A D N N
B O Y S E N B E R R Y A R A U P R C E S
P N N M A K V E F K E C P X L G T A Y H
S N A T G Z V D E P H P U P Y B S H D A
A M E S Z H N O M E L Y A P W X R D E H
R S D O E G R A P E M V W Y I A I A W Y
```

APPLE	FIG	NECTARINE
APRICOT	GRAPE	ORANGE
BANANA	GRAPEFRUIT	PAPAYA
BLACKBERRY	GUAVA	PEACH
BLUEBERRY	HONEYDEW	PEAR
BOYSENBERRY	HUCKLEBERRY	PINEAPPLE
CANTALOUPE	KUMQUAT	PLUM
CHERRY	LEMON	POMEGRANATE
COCONUT	LIME	RASPBERRY
CRANBERRY	MANGO	STRAWBERRY
CURRANT	MELON	TANGERINE
DATE	MULBERRY	WATERMELON

Dinosaurs

```
D P O S T O S U C H U S A I R E C A L P
I Y P H E S U H C N Y H R O H P M A H R
D P Y B Q U E T Z A C O A T L U S Y L U
E O T S U R U A S O N I E T E P N O S T
L L N Q H U H Q C R Y P T O C L I D U S
P A S N S A P L A T E O S A U R U S R Y
H C Q O U S M E T R I O R H Y N C H U S
O A E D R A V A L L O S A U R U S Z A I
D N D O I R I E M O N O C L O N I U S N
O T M R E R E L D I P L O D O C U S O R
N H O U H U T L R U A S O P O T E M I O
O U N E C B S Y T O R O S A U R U S H S
D S T L O A A N K Y L O S A U R U S C E
O P O P H T H A L M O S A U R U S H A M
P O S O T T F S I S Y H P O L E O C R O
O T A I I U L A N A T O T I T A N F B R
R A U L N M R U A S O L L A F R A W D E
E R R T R T Y R A N N O S A U R U S F B
T E U K O O L A S U C H U S I O G B V I
S C S U H C U S O N I E D I T Y B L Z N
```

ALLOSAURUS
ANATOTITAN
ANKYLOSAURUS
BRACHIOSAURUS
CERATOPS
COELOPHYSIS
CRYPTOCLIDUS
DEINOSUCHUS
DIDELPHODON
DIPLODOCUS
DWARFALLOSAUR
EDMONTOSAURUS

IBEROMESORNIS
KOOLASUCHUS
LEAELLYNASAURA
LIOPLEURODON
METOPOSAUR
METRIORHYNCHUS
MONOCLONIUS
MUTTABURRASAU-
    RUS
OPHTHALMOSAURUS
ORNITHOCHEIRUS
PETEINOSAURUS

PLACERIAS
PLATEOSAURUS
POLACANTHUS
POSTOSUCHUS
QUETZACOATLUS
RHAMPHORHYN-
    CHUS
STEROPODON
TOROSAURUS
TYRANNOSAURUS

U.S. Presidents

```
Z S X D F P P E X T U O A U W J N J T C
K X U S G Y I K P N L M X R F L E L O Y
F K C I B Z E P W C G Q R D O F R U U L
Z J I D Q U R X K E E B E C D Z S F R W
A R E J B D C E Q J I P N M D L Z J E E
X L I U R I E H A R R I S O N R N A A D
K U S I H F F T A Y L O R Z Y T O L G E
G H E N I V D L K N O S K C A J S F A Q
K O N O T G N I H S A W O F L Q N J N R
H T H X B T A K W G M N T G I T H C O E
B J O I T J L K C A E C L I N T O N S V
M Y W N P O E C G R D Y K M B E J R I O
Q A E V P N V F O F R D W I A G A T D O
Z S R L N X E M F I R W Q G N I D R A H
B S L E V S L O T E I Y C F P L B I M K
O E D X L L C N T L R O O S E V E L T Z
L Y J E I Y A R S D R S M A D A P Y A T
N A H F L R A O W M C O O L I D G E F J
S H C K G C N E T R U M A N T J F Y J V
X P U K K A S J Y J W F X M T F J Y M Q
```

ADAMS	HARDING	NIXON
BUCHANAN	HARRISON	PIERCE
BUSH	HAYES	POLK
CARTER	HOOVER	REAGAN
CLEVELAND	JACKSON	ROOSEVELT
CLINTON	JEFFERSON	TAFT
COOLIDGE	JOHNSON	TAYLOR
EISENHOWER	KENNEDY	TRUMAN
FILLMORE	LINCOLN	WASHINGTON
FORD	MADISON	WILSON
GARFIELD	MCKINLEY	
GRANT	MONROE	

Basketball Players

```
T J A M E S W O R T H Y E J F G S M H S
X U U S F H G N I W E K C I R T A P P Q
M L E A U W I L T C H A M B E R L A I N
A I I M B X I H S I R R A P T R E B O R
G U C O S N I K L I W E U Q I N I M O D
I S C H X R E L L I M E I G G E R E E L
C E W T A O E L A H C M N I V E K A N A
J R C H E E F N O T L A W L L I B D O B
O V A A D O L K O B E B R Y A N T O L I
H I R I L G H J C I W D U X H C S W A H
N N T S Q O Y B O I P U I M A O O L M C
S G I I O I J F W R R L R T D Y Y A S R
O T S E W Y R R E J D J T R D H B R E A
N H G C H A R L E S B A R K L E Y K S E
I R I C K B A R R Y T B N D D X D L O T
B I L L B R A D L E Y B P O Q C O E M A
J U M K F H C I V A R A M E T E P M N N
C S O S C A R R O B E R T S O N X O K J
W F R I T R A L L E N I V E R S O N Y D
A R E H S I F K E R E D R I B Y R R A L
```

ALLEN IVERSON
ARTIS GILMORE
BILL BRADLEY
BILL WALTON
CHARLES BARKLEY
DEREK FISHER
DOMINIQUE WILKINS
ISIAH THOMAS
JAMES WORTHY
JERRY WEST
JULIUS ERVING

KAREEM ABDUL
    JABBAR
KEVIN MCHALE
KOBE BRYANT
LARRY BIRD
MAGIC JOHNSON
MEADOWLARK
    LEMON
MICHAEL JORDAN
MOSES MALONE
NATE ARCHIBALD

OSCAR ROBERTSON
PATRICK EWING
PETE MARAVICH
REGGIE MILLER
RICK BARRY
RICK FOX
ROBERT PARRISI I
WILT CHAMBERLAIN

Writers

```
T E V D T P Z Z O T L N Z V Q K T Y R N
J W C O Q P F F L D A R N O C B G D E H
F I C R B H N Q N I A W T H O P Q T M R
U G Q J L C K R U J B M A O G R S B O G
T I F S I S A X Y G U U F C L U W V H E
O G W R F P B C K R C A J L A S O E A K
Q B Y Y L W L A N E E J D J P H T E L C
J S I V O H E T R B I L R C K D N O J L
F E S H O E A L X S S U D E B I S P Y I
A R U D W M R X L N O X H N N E L E Y G
H S T S L I I A A I A C B Y A K L M I R
J U B F X N R S E G V E N L M H L L M I
L U X T I G Z S A P M L N O R C C U O V
F Z K L O W N N G M S D E A E A W J A W
U K N O E A S E I O D E U M L Z K V N F
C L A N C Y G K Y V E D K R L L C F N T
A P W P M L E C Y O J T J A I A I U A V
N O V N A M T I H W J V H Y H B J P M K
W S N I N X J D O S T O Y E V S K Y S Y
A Q C R W N T U L D V I R V B W P L Q U
```

ASIMOV	FAULKNER	ORWELL
AUSTEN	GINSBERG	POE
BALZAC	GOETHE	RUSHDIE
BELLOW	HEMINGWAY	SHAKESPEARE
CHANDLER	HILLERMAN	SPILLANE
CHAUCER	HOMER	SWIFT
CHEKHOV	HUXLEY	TOLSTOY
CLANCY	JOYCE	TWAIN
CONRAD	KAFKA	VIRGIL
DICKENS	MANN	WHITMAN
DOSTOYEVSKY	MELVILLE	WOOLF

By the Numbers

```
O R Q U A D R I L L I O N M E X O Z B E
N F F D B I T Q D H S N O T N T N N I S
M S B N C F G E Y Y Y L I A W P D G E U
A Q U C E M T C K T F K L E F O H P E E
F O D B S V W Y E B A S L C Y T T C N I
G N R U U H E N A D E V I X E I N N N S
W N E B T U I L L V E N T E L E Z O E I
D D D I I N A R E T O C N L R I A I E M
U I T L G D B N O I L L I T X E S L T V
T O O L K R T D L B W O U L L P D L F Z
Y J M I D E T L N K N M Q M L O K I I X
V T V O E D I H O A I N Y P H I G N F R
Y P R N X T Q F I L S T S Y S R O O Z T
S S I O C G W S L R H U T E V E U N O H
S N J O F R B I L G T N O R V R V O N G
T I E X I Q O R I F E E R H T E S E F I
Q Y X T F N U E R W I N E E T E N I N E
K Z W T T H I R T Y O V E N K F C T X H
R Q Z Q Y L B P M S B N E E T X I S Y L
M X S O A D G O W E C T T S H S P A O K
```

BILLION	MILLION	SIX
DECILLION	NINE	SIXTEEN
EIGHT	NINETEEN	SIXTY
EIGHTEEN	NINETY	TEN
EIGHTY	NONILLION	THIRTEEN
ELEVEN	OCTILLION	THIRTY
FIFTEEN	ONE	THOUSAND
FIFTY	QUADRILLION	THREE
FIVE	QUINTILLION	TRILLION
FORTY	SEPTILLION	TWELVE
FOUR	SEVEN	TWENTY
FOURTEEN	SEVENTEEN	TWO
GOOGOL	SEVENTY	
HUNDRED	SEXTILLION	

Strictly Business

```
L F U R M Z G V U F B I N T E R E S T Y
W A D N U F E R E A N N W F N E E G Q A
E K R E Q U I T Y B A L J O L X G N R B
S N C E P P A L Y T I L I B A I L I S B
N P O R D R R R L C S T A T E M E N T T
B I R I E E E E U L A V K O O B M R N O
L C G O T D F C R Z I S N E W F K A U X
Z O O R P P I N I E L B A X A T C E O A
V A A S A E M T C A S S E T S X L X C N
P U P N T M R E V Y T I D I U Q I L C N
Q A S F K O R T X P R I N C I P A L A N
A C Y L M A F M Y E E M O C N I E A F K
L T A A T J H G G O V E R N M E N T J E
G I R S B B U N O I T C U D E D I I M U
Q F M T H L E D L O H H T I W T L P C N
G O X R I F E D N E D I V I D U D A J E
X R J O B A L A N C E S H E E T A C Z V
B P A P E R W O R K D S S E S N E P X E
S A L E S M D H W K N O R T A U D I T R
E R F R D P B C Z C A L Z I K W V E S J
```

ACCOUNTS	EQUITY	PAYABLE
AMORTIZATION	EXEMPTION	PRINCIPAL
ASSETS	EXPENSES	PROFIT
AUDIT	FEDERAL	PROPERTY
BALANCE SHEET	GOVERNMENT	QUARTERLY
BOOK VALUE	INCOME	RECEIVABLE
CAPITAL	INTEREST	REFUND
CASH FLOW	IRA	REPORT
COST OF GOODS	IRS	REVENUE
CREDIT	LIABILITY	SALES
DEADLINE	LIQUIDITY	STATEMENT
DEBT	LOAN	TAXABLE
DEDUCTION	LOSS	TAXES
DEPRECIATION	MARGIN	WITHHOLD
DIVIDEND	NET	
EARNINGS	PAPERWORK	

Poetry

```
R R E T E M O T I O N O G E D O L H N R
O E X P R E S S I O N R O A D Y E O O H
H S O N N E T C Y O U G C Y R N S B W N
P T W I L L I A M B U T L E R Y E A T S
A J R I Q B A A D H Y A N I N R M R N G
T W O O M K T N R L N O K N T N A U E N
E T C A W O A O O T I I E B I A J D C I
M Q I Y P S T R H T B T R M B R Y Y C M
E F P O L C D O A S D O Y A U R R A A M
Z I E R I B M R E R W X D R L A N R E U
R I A V Y A E N O N E I O G I T E D C C
A C D R S T A L I W V O N I U I H K N E
P H O G I R D N K O M H O P S V B I A E
O N T L C E G H E P T A M E T E R P N G
U E L T R E K A L B M A I L L I W L O A
N A R F W T T O C S R E T L A W R I S U
D A L Y R I C K C I R E M I L M Q N N G
H A Z N A T S R H Y M E L I M I S G O N
C O U P L E T E T R A M E T E R W Q C A
R E M O H A P N E S A G Q U V I R G I L
```

ACCENT

ALFRED LORD
   TENNYSON

ALLITERATION

CARL SANDBURG

CONSONANCE

COUPLET

DACTYL

DYLAN THOMAS

E E CUMMINGS

EMOTION

EPIGRAM

EXPRESSION

EZRA POUND

HART CRANE

HENRIK IBSEN

HENRY JAMES

HEPTAMETER

HOMER

IAMBIC

LANGUAGE

LIMERICK

LORD BYRON

LYRE

LYRIC

METAPHOR

METER

MONODY

NARRATIVE

ONOMATOPOEIA

OVID

RHYME

ROBERT BROWNING

RUDYARD KIPLING

SIMILE

SIR WALTER SCOTT

SONNET

STANZA

TETRAMETER

TIBULIUS

TS ELIOT

VICTOR HUGO

VIRGIL

WILLIAM BLAKE

WILLIAM BUTLER
   YEATS

WILLIAM
   WORDSWORTH

Female Movie Stars

```
M D A U W A J O D I E F O S T E R G O R
Y I M N I S X P B E T T E M I D L E R E
R P Y U N W P S X G B C J Q S W I Q P T
N L I L O E G I G N B R O J O Y Z N E X
A Y R S N R B V E A N J A Q P A J O E A
L A V W A D K A E L Y A N W H W U T R B
O F I L R N E D N A T N C M I A D A T E
Y K N L Y A C E A C S E R V A N Y E S N
R R G A D E A T D I R F A B L U G K L N
A E Q C E I P T A S U O W Z O D A E Y A
Q H Z A R L S E V S B N F C R E R N R M
U C T B S U Y B I E N D O T E Y L A E R
E Q C N G J S U S J E A R H N A A I M E
L M A E W E S T H O L H D X G F N D F M
W K I R S T I E A L L E Y U P Z D H S L
E G S U W Z S K O B E T T Y G R A B L E
L I Z A M I N N E L L I Y E T C I G F H
C A G L E N N C L O S E L E E G R A N T
H G I E L N E I V I V C L A R A B O W E
Y L L E K E C A R G O L D I E H A W N E
```

AMY IRVING
ANNE BANCROFT
ANNE BAXTER
BETTE DAVIS
BETTE MIDLER
BETTY GRABLE
CHER
CLARA BOW
DEBRA WINGER
DIANE KEATON
ELLEN BURSTYN
ETHEL MERMAN
FAYE DUNAWAY
GEENA DAVIS
GLENN CLOSE
GOLDIE HAWN

GRACE KELLY
JANE FONDA
JESSICA LANGE
JOAN CRAWFORD
JODIE FOSTER
JUDY GARLAND
JULIE ANDREWS
KIRSTIE ALLEY
LAUREN BACALL
LEE GRANT
LIZA MINNELLI
MAE WEST
MERYL STREEP
MYRNA LOY
RAQUEL WELCH
SISSY SPACEK

SOPHIA LOREN
VIVIEN LEIGH
WINONA RYDER

Around the U.S.

```
A G N O T A W R U T A C E D U B U Q U E
N O T S U O H F Z P J H T R O W T R O F
B A T A V I A I E U Q R E U Q U B L A Q
W T T P K M I N N E A P O L I S O A T S
I E W L B R O N X V I L L E Z Z H S N K
S N A E L R O W E N O T E C N I R P O R
C O D V M O R R I S T O W N I N F F E O
A K Z I F J S A N A N T O N I O K J N Y
S A W R A E U W L J K O S C I U S K O W
S P E G C N O G A C I H C A L I E N T E
E A S I C E A G D F O R T B E N T O N N
T W T N O C K P D N A L R E B M U C E P
M Y P I L H L L O S A N G E L E S T M E
I A O A U A L L D L E I F S T T I P A T
A W I B M R U E F F I N G H A M M G R A
M N N E B L H G R U B S T T A L P E C L
I O T A U O D L E I F N N I W Y G Q A U
M C M C S T P N O G A L E S O J N A S M
U Y D H C T B U F F A L O A T N A L T A
V P R O G E I D N A S I U O L T S N D S
```

ALBUQUERQUE	FORT WORTH	PRINCETON
ATLANTA	HONOLULU CDP	SACRAMENTO
BATAVIA	HOUSTON	SAN ANTONIO
BRONXVILLE	INDIANAPOLIS	SAN DIEGO
BUFFALO	KOSCIUSKO	SAN JOSE
CALIENTE	LOS ANGELES	ST LOUIS
CHARLOTTE	MIAMI	TAOS
CHICAGO	MINNEAPOLIS	TRAVERSE CITY
COLUMBUS	MORRISTOWN	VIRGINIA BEACH
CONWAY	NEW ORLEANS	WAPAKONETA
CUMBERLAND	NEW YORK	WATONGA
DECATUR	NOGALES	WEST POINT
DUBUQUE	ONEONTA	WINNFIELD
EFFINGHAM	PETALUMA	WISCASSET
EL PASO	PITTSFIELD	
FORT BENTON	PLATTSBURGH	

Colorful

```
I  W  T  Y  U  S  Y  S  F  Z  X  Z  Q  V  E  H  A  Y  P  T
N  O  C  T  F  D  C  Y  F  K  H  M  L  S  N  T  M  F  B  B
B  I  T  Q  W  O  T  O  S  I  S  L  D  S  T  H  T  Y  C  G
S  W  J  Q  T  V  T  W  S  A  H  Q  W  U  A  I  U  W  W  O
Q  B  X  P  V  V  S  Z  N  J  I  Z  Z  K  N  I  P  L  A  H
Y  O  O  W  V  D  F  X  M  B  W  M  N  T  E  W  Y  X  Y  A
O  L  K  E  V  L  A  B  N  B  B  K  O  N  E  A  O  W  B  T
A  O  Q  B  L  E  I  Y  E  C  Y  N  W  Y  R  G  Y  R  W  Q
H  S  S  T  X  H  E  X  H  U  E  E  L  G  G  Z  O  A  B  T
R  X  Z  T  R  L  X  L  C  V  R  R  G  L  I  Z  C  L  E  F
Z  L  S  I  L  V  E  R  A  L  M  S  W  A  U  Q  A  M  D  X
J  I  X  O  P  L  L  A  P  P  E  S  V  P  S  C  Z  O  R  I
R  X  W  K  P  B  P  V  C  V  S  X  N  P  K  O  U  R  Q  Q
G  M  C  R  I  M  S  O  N  L  I  A  O  X  I  D  R  A  E  R
Y  G  U  R  M  Q  X  C  A  M  O  U  F  L  A  G  E  N  P  D
J  P  F  F  P  B  C  A  I  S  U  N  O  O  R  A  M  G  A  W
A  D  A  E  O  Y  M  D  B  A  Q  H  B  R  O  N  Z  E  I  H
H  X  Z  V  I  E  W  O  T  L  R  O  S  H  C  C  U  H  N  I
H  Y  E  Q  X  M  Q  C  B  L  U  S  H  R  Z  G  W  O  T  T
W  Q  U  B  U  N  J  U  P  Q  T  E  K  I  R  B  C  N  U  E
```

AQUA	GOLD	PURPLE
AVOCADO	GRAY	RED
AZURE	GREEN	SAGE
BLACK	HUE	SILVER
BLUE	MAROON	TAN
BLUSH	ORANGE	TINT
BRONZE	PAINT	TONE
BROWN	PALE	TURQUOISE
CAMOUFLAGE	PIGMENT	WHITE
CRIMSON	PINK	YELLOW

Herbs and Spices

```
W W K O G H U R U J U E W X H W V Q D A
W U P K N K U G N Z U L Q E S R D W T V
Z J M O E Z N W I N T E R G R E E N L Q
A D G O S O F U Q A Z P U I T N I M I T
F I V S N B L D T C E L I M O M A H C O
G P O Z I K Z T Q M T N I M R A E P S D
T E P N G D S E C K E N N E Y A C T I Y
U B M I A M Q H V G U G P O F G R L G G
K M G Y N G A C O P R P T S Y O L I A Y
L S Y K H T E N A O E T Z O W A P C R X
I Q M U S T A R D P D C A R D A M O M Y
M Y R O V A S C O R N B E R U U N R C G
F E N N E L Q E M C A V C E R L R I T F
M F Z G E Q O Z X S I K U L E A A C S P
D L A Y V H F R I L R N E L X Q G E E E
E S N H C R X L R Q O T N C H I C O R Y
S I P I Q E F R G M C A R A W A Y S N O
S Y K L A A K E Z V R O S E M A R Y F Q
B T I Q E F H D F G P P R E V O L C M J
X W K S H Z X C Y D B A H N B E N I R V
```

ANISE	DILL	PARSLEY
BASIL	FENNEL	PEPPERMINT
CARAWAY	GINSENG	ROSEMARY
CARDAMOM	LICORICE	SAGE
CATNIP	LIVERWORT	SAVORY
CAYENNE	MANDRAKE	SORREL
CHAMOMILE	MINT	SPEARMINT
CHICORY	MONKSHOOD	TARRAGON
CINNAMON	MUSTARD	THYME
CLOVER	NUTMEG	WINTERGREEN
CORIANDER	OREGANO	

Boats

```
O V Q B O H Y R E E Z W A H W I D U S L
R E T H G C W O E D I M R J C L Z F Y J
A L K B R H U C Z S C D F J D T D B W E
N C U A R E G T E Z I Q E L I W E Y Y L
Q H B D Y F L P T G E U R I Y L S K Z B
J S N D T F V A J E R C R H G U T S D D
C M R G T W O D H G R A Y C G Y R O D S
Q Y Z K R B B D F W T U B A I T O X Y I
N E U R E X I L R O P U O Y L G Y N R H
M P Q S P C Y E E J B X A Y C M E L U P
G O U X P G R B I Y C A T A M A R A N S
A O D O I E Y O G J O O R S K F I Z U C
H L N B L A G A H U D F L H R P W B H H
M S S W C B A T T L E S H I P Z M K Z O
K D A H C E T R E R Y R G P F A H Y S O
F R T V D L I J R I T A O B R E V I R N
T V A I W G P Y Y R T F F I K S R Y R E
J Q D L G R E M A E T S N N Y N Y A A R
F G C E F Z U C X Q A E O N A C U Q F K
D I R U A D U M C Q H Y I N B J E J T T
```

ARK
BARGE
BATTLESHIP
CANOE
CAR FERRY
CATAMARAN
CLIPPER
CRUISER
CUTTER
DESTROYER
DORY

FERRYBOAT
FREIGHTER
FRIGATE
HOUSEBOAT
JUNK
KETCH
LIFE RAFT
OUTRIGGER
PADDLEBOAT
RAFT
RIVERBOAT

SCHOONER
SHIP
SKIFF
SLOOP
STEAMER
SUBMARINE
TRAWLER
TUG
WHALER
YACHT

Math Words

```
L U M A S O V A R I A N C E I J G K E U
M W P L M P R O D U C T O M B R E R K R
O D V G H C W G B I V A R I A T E Y E Y
D I V E R G E G Z B S W L P T H X L S Q
E C R B O G N S Y N Z T H A P A L K Y U
A M V R F D O T M W O D R S D I U D M K
O F R A C T I O N O E I E I P O D Q M D
V E C T O R S F V I B V S S B I M T E V
I X X N A M I P F I E C E R O U H D T S
H W A P A S V E M E O L C N U L T U R E
Q E Y T S I I O S N R D C O N C C I Y R
M M R M S L D X T J R E E R N U E V V I
H I T J A A G I A E Z Z N G I T M R O E
X R E E L G N A T C E R T T R C O B A S
L P M I C U O S C A L A R G I E O U E G
C U M K O X L D I S J O I N T A E N R R
Z I Y U T S U L U C L A C A F C L S I P
T W S F P O W E R S E R I E S L O G I C
S N A I D A R C O F A C T O R A E N I L
S T S J Z E N A L P O L Y N O M I A L O
```

ALGEBRA	DISTRIBUTIVE	PARITY
ASYMMETRY	DIVERGE	PLANE
AXIS	ECCENTRICITY	POLYNOMIAL
BIMODAL	ELLIPSE	POWER SERIES
BIVARIATE	EQUATION	PRIME
CALCULUS	EVEN NUMBER	PRODUCT
CIRCLE	FRACTION	RADIANS
CLASS	GRAPH	RECTANGLE
CLOSED	LIMIT	RECURSION
COFACTOR	LINEAR	SCALAR
CONIC	LOGIC	SERIES
CONTOUR	LONG DIVISION	SPHERE
DEGREES	MATRIX	SYMMETRY
DIFFERENTIAL	MEAN	VARIANCE
DISCONTINUOUS	MODAL	VECTOR
DISJOINT	MODE	

Scientifically Speaking

```
W U G Y S G K E R G O N O M I C S T Y P
Q Y E G A Q T S P H A R M A C O L O G Y
K G O O L T E C R I M I N O L O G Y O G
P O G L I N N I X J D N C E P M M W L O
S L R O N H G S M I N E R A L O G Y O L
C O A T G O I Y G O L O M S I E S T C O
I M P P U R N H Y G O L O I S Y H P E T
T S H Y I T E P Y G O L O R O E T E M A
S O Y R S I E Y G O L O E G R L X V X M
U C P C T C R A A N P K E M L T O V V R
O H S A I U I A N T H R O P O L O G Y E
C E Y R C L N M D M O D B I O L O G Y D
A M C D S T G Y A N Y M O N O R T S A G
Z I H I V U W B T N S C I M O N O C E F
O S O O F R G O A Y Y G R U L L A T E M
O T L L I E L M Q H Y D R O L O G Y R N
L R O O S O I O C E A N O G R A P H Y B
O Y G G G C G E I Y A S T R O N O M Y M
G O Y Y S O N P F A R C H A E O L O G Y
Y N A T O B S C I T A M E H T A M I Y P
```

ACOUSTICS	ECOLOGY	METALLURGY
AERODYNAMICS	ECONOMICS	METEOROLOGY
ANTHROPOLOGY	ENGINEERING	MINERALOGY
ARCHAEOLOGY	EPIDEMIOLOGY	OCEANOGRAPHY
ASTRONOMY	ERGONOMICS	PHARMACOLOGY
BIOLOGY	GASTRONOMY	PHYSICS
BOTANY	GEOGRAPHY	PHYSIOLOGY
CARDIOLOGY	GEOLOGY	PSYCHOLOGY
CHEMISTRY	GERONTOLOGY	SEISMOLOGY
COSMOLOGY	HORTICULTURE	THERMODYNAMICS
CRIMINOLOGY	HYDROLOGY	ZOOLOGY
CRYPTOLOGY	LINGUISTICS	
DERMATOLOGY	MATHEMATICS	

In the Kitchen

```
K T H A Y U Y A U S U J P T F K I M L H
R U Q P G Q U F I P B U A X G J M Y O O
W U F Z M U A K G I J S N T Y Y A V O X
J G G Y L R D K R C T B S Q X D Z L F Z
W N A P Y N O Q O E T A L P F K A Y U A
T B D L C H O P F L K E Y E G R I L L I
I M N C F Z F O L G G N E D N D Y U H P
D Z L H X Z K I P I K M I V O D T E M B
C T G D V Z H S K S O C E S O A A M J Z
N N O S Q C E P I C E R O A P T K B P P
A X U F C C O O K V I L B S S I S U A S
T B P W L N F O R K T N B S A U C R H P
C B G T L L E N E U T U T A E U R N B U
Y R N J W S I V C E X I M U T R R E B E
P X W M A P A J W A R M O C S R V R C S
Q H T Z M J M G W Q P P L E S E F I N K
Q R W A V G O O X J A N K T Z U L O N X
R Q Y G H C T L B P U A V F D S L T E G
K W K Z O U Z H F N B A P I O S S Z V Y
V F A U Z G R P M Z C R A F D S F H O O
```

BAKE	FRY	SINK
BLEND	GRILL	SLICE
BROIL	HEAT	SPATULA
BURNER	KNIFE	SPICE
CHILL	MEASURE	SPOON
CHOP	MIX	STIR
COOK	OVEN	STOVE
CUP	PAN	TABLESPOON
CUT	PLATE	TASTE
DICE	RECIPE	TEASPOON
FOOD	SAUCE	WARM
FORK	SERVING	

Jobs

```
G W W J J E R L O U V G M Z A E H C O G
C B O C W M V R D Q D Z S I P J V W P V
A X Z F H O Z W K I R W J U E U T Y O W
L W L N Y E I X A T A I L O R D A B S D
I W R L X G M L L C W M N W V G P C T O
T E O E H N C I U A B Q P X M E E D M C
N B X R H W E J S P Z R D S M W M O A T
O R Z T K C T S I T N E D E A I Q S N O
R M P V J E A B Y A P W C I O S H P R R
V G J W F I R E F I G H T E R I Y E E O
C H P F V Y U Q T N A E A K E G K A G T
E N O O M X L O X N R A M R L A R V N C
K Z L Q N A I C I S U M E R M O E E I A
T S I O W L M C R T Y G B E U A H N S K
K Y C Y W G E Z H E A U O K G Q C G L K
C K E X D U S O J N T H W A D H T I E D
U R I G A V R D A L S N L B E Z U N S W
Q E V I R Q U M E F P D I F P T B E Y T
Y L H J Q X N R F Z T R W A I T R E S S
X C R Y N Q C W F A M A Z Y P D V R I N
```

ACTOR	DOCTOR	PHARMACIST
AUTHOR	ENGINEER	POLICE
BAKER	FIREFIGHTER	POSTMAN
BUTCHER	JUDGE	SHOEMAKER
BUTLER	LAWYER	SINGER
CAPTAIN	MAID	SURGEON
CASHIER	MANAGER	TAILOR
CHEF	MECHANIC	TEACHER
CHEMIST	MUSICIAN	WAITER
CLERK	NURSE	WAITRESS
DENTIST	PAINTER	WORKER

Around the House

```
A H Y A C I T C Z I N D T Z B G B L W E
N G G N M A W T U X O A L F Z O G D T M
A B N S S W R N W S B S O G O Z E R S U
N K X H F I N P T L Z Q U K N B E Z E L
X G J W Z N C R E P A P S W E N F V H U
B U J N N D H Q U T H O G N I L I E C Q
M H B T P O R S M O U B C L O L W R Q T
H R P X I W I O L P J H C O L A A H U H
C U A F C N T S U F B E R U X H L P Y G
L C S V T W T V I Z R K T A R H L I O I
W S T S U E S W A V F F Y H A T P N Z L
X V E I R R O L R T E N I B A C A L B O
V P R Y E B B D Y U F L E H S I P I M V
F I E W S M A G A Z I N E S P O E I N E
R L O H B W T S Q N E R U T I N R U F S
O L X R K M H C U O C P Y D G R C R E E
F O O I O O T L I P G A A B O H H D M A
O W L O W Q U I L T K R F R D L A M E T
H B S E T H B T T M G E Y O J H I H S O
I I R Y F S A V B Z X K N I S C R L J Y
```

BATHTUB	FURNITURE	RUG
BED	HALL	SHADES
BENCH	LIGHT	SHELF
BOOKS	LOVESEAT	SHOWER
CABINET	MAGAZINES	SINK
CARPET	MIRROR	SOFA
CEILING	NEWSPAPER	STEREO
CHAIR	PIANO	STOOL
CHEST	PICTURES	TABLE
COUCH	PILLOW	TELEVISION
CURTAINS	QUILT	UPHOLSTERY
FLOOR	RADIO	WALLPAPER
FLOWERS	RECLINER	WINDOW

That's Italian!

```
L A S A G N A I L L I S U F L I A W E I
A T N E L O P I S Q O C E U G T U F L B
A W I P L A R P R T T M E T I F O R E
B P J T N L A Q T O T A N O L D I U G S
P W A E S G E O F U C A C L O V S E F E
C S N N H A S N C O Z I E L A C L B I R
U A W E Z I P C N N R C C R H A O L B P
M T T G R E I I A A I I K E T C G P T A
P T O M J N R L T M P T T O C I N R A C
I O V R E R E O R N P T C O H O O O G V
T B S O T M W E T X A A N C P C C V L M
T M A C L E V M Z T V C N A P A C O I P
U A M I A I L C I A I O S E Y V H L A P
N I J N R M V L T N C T N F L A I O R C
A C Q O A L O E I C A N N E L L O N I J
M C V T N J L R O N E I O U K L E E N B
G E O A C L W S Z I I C I T T O C S I B
L R H G I R O I F A L I N G U I N E Z V
I T N I N O R A C A M L S I L W A I A R
U Z K R I N O Z L A C A Z Z I P E C I I
```

ALICI	DOLCI	PENNE
ANTIPASTI	FETTUCCINE	PIZZA
ARANCINI	FIORI	POLENTA
BISCOTTI	FUSILLI	PROVOLONE
BOCCONCINI	GELATO	RAVIOLI
BRUSCHETTA	GNOCCHI	RICOTTA
CACIOCAVALLO	LASAGNA	RIGATONI
CALZONI	LINGUINE	RISOTTO
CAMPANELLE	LUMACONI	SCAMORZA
CANNELLONI	MACARONI	SPAGHETTI
CAPRESE	MELANZANE	TAGLIARINI
CAVATELLI	OLIVE OIL	TORTELLINI
CIAMBOTTA	PANE	TRECCIA
CICORIA	PANNELLE	VERMICELLI
CONCHIGLIE	PANZEROTTI	ZITI
CUMPITTU	PASTA	

Bookish

```
W Z D O C O O F T E X T S Z G M O A T C
C C G H K E M V O I S H E L F A W L S M
X J K N A C V S L G A P P E R O M U H Z
D E C G I U B L P W L Y O O N Q L E M G
M R O W G K G E N A E T X R N S Z Q S D
H D M Q N L O V N X R B G O T C X K E P
W E P A H M D O E S R E P A P S W E N L
V H U N S L F N C R N S N D T K Z I I W
B Y T P Y A S U N Q N T J T E V A K Z O
B A E N N U D K E E S S E N I S U B A Z
N J R T P T O J R E W E I M A N U K G P
M I A G O I K D E I H L E K X G G M A Z
H S L N A R L V F O Z L Y R E T S Y M W
Y G H V J I O T E H H E L P D E S K Z O
L G V L H P N M R C I R L M U S R H S P
Q D L C P S T S A A N S C S B Z O S T Z
Z C M R O J T Q X N V E T Q I Q Z N E Y
P Z M X A S C I M O C E I O Q A Q L M V
I A S X O B A E A L J E L C R B G B E C
Z X G W Q G H J C E E W R E S Y C A N S
```

AISLE	HISTORY	SCIENCE
BARGAINS	HUMOR	SHELF
BESTSELLERS	MAGAZINES	SPIRITUAL
BUSINESS	MYSTERY	SPORTS
CHILDRENS	NEWSPAPERS	TEENS
COMICS	NOVELS	TEXT
COMPUTER	PARENTING	TRAVEL
COOKING	PUZZLES	USED
FANTASY	REFERENCE	WORM
GAMES	ROMANCE	
HELP DESK	SALE	

Emergency!

```
F X T T S L N L E U C S E R T S E R R A
X E L N A R I M H G W B A Q C B W X L V
H M L D A H E X T I N G U I S H N A P V
R B D F I R S T A I D N S H Z E R Z C R
A E H C G P D Y R H P N A E R M J G E R
R R V E H P T Y A A E I W I L D F I R E
B S N O D I F V H R U A S D T P T R Y S
H C T O L O E K O B P Q T E N A E C M F
Y F W C R V T F Y U V S D P E T M Z E F
S R P C P X E T T R P F L A M E L L D U
Y T E F A S P R I N K L E R E Z E R A C
K F A D P K A A R V B E A T C H H Y C D
A Z C U R D T F U O P Q E M R E H P A N
C Y E T E O R F C I Y K R E O H V R R A
V M H Y T G O I E H C O G N F R G O A H
U M Y P A H L C S I F B E T N F M T D T
O W L Y W V E B T I T N A N E T U E I L
B M B Z A E G T N M U G R T X L C C O T
G K T V L S Z U I Y M W G P O B O T S Z
F T E E J U Q X N B X X C G D N I P B D
```

ACADEMY	FLAME	POLE
ALARM	FORCE	PROTECT
ARREST	FORENSICS	RADIO
AX	GEAR	RESCUE
BATON	GUN	REVOLVER
BEAT	HANDCUFFS	SAFETY
BURN	HEADQUARTERS	SECURITY
CHIEF	HEAT	SIREN
DALMATIAN	HELMET	SPRAY
DEPARTMENT	HYDRANT	SPRINKLER
DUTY	LADDER	TICKET
EMBERS	LAW	TRAFFIC
EMERGENCY	LIEUTENANT	UNIFORM
ENFORCEMENT	ORDER	WATER
EXTINGUISH	PATROL	WILDFIRE
FIRST AID	PEACE	

Clotheshorse

```
F G V A L C J I Y R L V C C E P F G U O
Q H U J X L B N O T O O B K T I R Z M E
B S K X J S P A I U L J E S I G O M X H
A P S K C I U H X L X X D K G L C O A T
I A E A N X I B A U G Y I I H O K T D R
P D S T N A P R E D N U Z R T V F T A W
I O L T R D O V E R C O A T S E R I X Y
U E Q G R I A S Y K S T O C K I N G I R
B H I G T O H L U A A N V G H C H J E Y
A L I L S O H S T I E E B S O T E T F T
B K F V E D W S R A J E R A W A K A L R
V T G X V J U A F E O P T B N Q Y P F F
D V N S T N A P I J D C X S D D Q R I L
Q I O U M F L C Y D Z N I H V N A O I C
H C N I E I R E K R J U U T Q G I N K Z
K I O L S H B A L E N I G H T G O W N R
C W C P L C Y Q C S T R O U S E R S M A
I C P R P A T I U S S A M A J A P G M J
H V W F Q H O E I A H K P S T Y Y F D H
V A L K D E A V C N I F N S C Q Y D U C
```

APRON	JEANS	SKIRT
BANDANNA	NIGHTGOWN	SOCK
BELT	OVERCOAT	STOCKING
BOOT	PAJAMAS	SUIT
COAT	PANTS	TIE
COLLAR	PETTICOAT	TIGHTS
COTTON	RAINCOAT	TROUSERS
DRESS	SANDAL	TUNIC
FROCK	SCARF	UNDERPANTS
GLOVE	SHIRT	UNDERSHIRT
HAT	SHOE	VEST
JACKET	SHORTS	WINDBREAKER

A Capital Idea

```
O M E L A S C T H V C W H D A U S T I N
D N O M H C I R Q E S I O B R L D J M L
H H B N V J E L L I V H S A N O B W H C
P A P I T R E N T O N Y C T T K C A O L
I H R B S G A T N A L T A O T S S N N F
Y V O T U M O E R R E I P N L I U Z O Y
N T V E F I A M D U L C B R L U I G L C
Y T I C N O S R E F F E J O M N M V U L
T K D C T I R L C R P K P U S O N B L A
I O E L A D X D I K Y A A G A T M D U B
C T N I L M L J X T N L N E I S O E U S
N H C N L R O E A A T T E Y B E U N S A
O G E C A M A H I C B L L U M L A V J N
S I C O H A F D A F K A E F U R E E L T
R E V L A D N A T L G S H R L A N R U A
A L A N S I N G Y Q K N O Y O H U L A F
C A E I S S W K H S Y O I N C C J L P E
Z R L O E O F R A N K F O R T R K E T O
C H E Y E N N E U I A N N A P O L I S B
G G T O P E K A O S E N I O M S E D V C
```

ALBANY	DES MOINES	PHOENIX
ANNAPOLIS	FRANKFORT	PIERRE
ATLANTA	HARTFORD	PROVIDENCE
AUGUSTA	HELENA	RALEIGH
AUSTIN	HONOLULU	RICHMOND
BATON ROUGE	INDIANAPOLIS	SALEM
BISMARCK	JACKSON	SALT LAKE CITY
BOISE	JEFFERSON CITY	SANTA FE
BOSTON	JUNEAU	SPRINGFIELD
CARSON CITY	LANSING	ST PAUL
CHARLESTON	LINCOLN	TALLAHASSEE
CHEYENNE	LITTLE ROCK	TOPEKA
COLUMBIA	MADISON	TRENTON
COLUMBUS	MONTGOMERY	
CONCORD	NASHVILLE	
DENVER	OKLAHOMA CITY	

Drinks on Me

```
G B E P X W O K P J B S J R J A I F G G
M D W T C W V T O U Z O T L A T X K P Q
O M Z S M A O G W U L G M I R Q E U A D
P D T M L T D Q Q F E Q N Q R J K A K R
Z E E W U E K A K B D U U U E I P K C E
O T H J G R A P E J U I C E M P P K B D
S A C L I A T K C O C T F U A H Y S G I
S N T N I X N F I H E F T R Q H G G K C
E O O G O P T X U K O D G E O U M L E A
R B C E K E V O J C P O A T R D I N B N
P R S V Q J B O O Z E Y C E S M I S G G
S A L U G Z Y O T D C H M H G H I N E O
E C I U J E G N A R O O E S S N I L F C
D L V U I K I N M C L R I N T L A F K S
A G O R G C O P O O A T O H K R H R B H
E X V C E M V L T A S O E R E C E T O E
M A I D E E A C H A M P A G N E C T A R
I K T L Q T B A P A F P N U W E N Q A R
L E Z Y E K S I H W S I P B X U P I P Y
A Z N N T E G G N O G A V A A J H E W E
```

ABSINTHE

BEER

BOOZE

BUTTERMILK

CARBONATED

CHAMPAGNE

CIDER

COCKTAIL

COFFEE

COGNAC

COLA

EGGNOG

ESPRESSO

GINGER ALE

GRAPE JUICE

GRAPPA

GROG

HOOCH

HOT CHOCOLATE

ICED TEA

LEMONADE

LIMEADE

LIQUEUR

MILK

MOONSHINE

NECTAR

ORANGE JUICE

ORANGEADE

OUZO

PASTIS

PULQUE

PUNCH

RAKI

RUM

RYE

SCOTCH

SHERRY

SLIVOVITZ

SPARKLING

SPIRITS

TEA

TEQUILA

TOMATO JUICE

VODKA

WATER

WHISKEY

WINE

Periodic Table

```
R D U M A R F L O W M U I L E K R E B N
M U I L E H M U I R U L L E T N Y Q I G
P P R A S E O D Y M I U M U I M O R H C
M M X W Z N K D B I S M U T H Q O G M T
U U T R I I X N E G O R T I N N C E R X
I M I E N U E T W P R N B D P B W N M A
N M M N C M N R F A P Y T T E R B I U M
O M U C E H O G U L S U M R M O S R N I
L E I I O H N K V L Y H Y L D N E O I M
O R M U M S T E O A D L A K O V M L T U
P C R M Q D M U T D L Z W C L R U H A I
Y U E V U U A I R I R F I I T D I C L R
G R F Y I I P C U U U L S D J I D L P A
S Y U D X B C M G M I M U I S E N G A M
T W A B X M U I S S A T O P T M A I C A
Y R M U I C N A R F U M U I S E C Z U S
D B B Z D D N E N E G O R D Y H S U D M
P T I T A N I U M L M U I M Y D O E N L
N K G A L L I U M T H A L L I U M Z Q L
S N H A F N I U M U L A T N A T V M V H
```

ACTINIUM	HYDROGEN	RUTHENIUM
AMERICIUM	IRON	SAMARIUM
ARGON	LAWRENCIUM	SCANDIUM
BERKELIUM	MAGNESIUM	SILICON
BERYLLIUM	MERCURY	SILVER
BISMUTH	NEODYMIUM	TANTALUM
CADMIUM	NITROGEN	TECHNETIUM
CESIUM	OSMIUM	TELLURIUM
CHLORINE	PALLADIUM	TERBIUM
CHROMIUM	PLATINUM	THALLIUM
DYSPROSIUM	POLONIUM	TITANIUM
FERMIUM	POTASSIUM	WOLFRAM
FRANCIUM	PRASEODYMIUM	XENON
GALLIUM	RADIUM	YTTERBIUM
HAFNIUM	RHENIUM	ZINC
HELIUM	RUBIDIUM	

Flowers

```
W A I N E D R A G E R A N I U M B F Y L
I R I S C L V B G G J L T O Z M R B H O
E P Y N R I K B A X R S P F X Z W I R T
T D I J O A I C A C A E I L I L A C Y U
F L A L C G W B U T T E R C U P H E S S
H V E I U G E J A S M I N E R I N S N A
R T X J S T L B C I Y Y L I D O F F A D
F Y C H R Y S A N T H E M U M N P X P U
P Z F E N E L A D K P P N E H C E E B I
U K U B S O V I J I A G N O D M T V M K
D C U D Z P I T L T O A L A H A U R A D
O O Y W X A F T I R E L N U L Y N E G L
G H M G X I I E A S E D U L Z F I W N O
W Y E A A A N S S N E T E S C L A O O G
O L S I Y C M N H L R B A L S O N L L I
O L O N E F E I I C E A O W W W W F I R
D O R N E D L O G U U V C J N E A N A A
F H L I L Y N P L R E F O D X R I U Y M
S I T Z G N P B C R H I B I S C U S Z Z
K Q B E P O P P Y N O E P R I M R O S E
```

ACACIA	GERANIUM	ORCHID
ANEMONE	GLADIOLUS	PANSY
BEGONIA	GOLDENROD	PEONY
BLUEBELL	HIBISCUS	PETUNIA
BUTTERCUP	HOLLYHOCK	POINSETTIA
CARNATION	HONEYSUCKLE	POPPY
CHRYSANTHEMUM	IMPATIENCE	PRIMROSE
CLOVER	IRIS	ROSE
CROCUS	JASMINE	SUNFLOWER
DAFFODIL	LAVENDER	TULIP
DAISY	LILAC	VIOLET
DANDELION	LILY	WATER LILY
DOGWOOD	LOTUS	ZINNIA
EDELWEISS	MAGNOLIA	
FUCHSIA	MARIGOLD	
GARDENIA	MAYFLOWER	

Academic

```
V B A I J G S S U B D U T F P J S G E B
T L L U P C Y S P H Y S E D H A U L V X
Z N Y A H A L A E A E T D V C Q P B S F
Q Q E O C R L L K T N T I A Y P M E B C
C M L D U K A C I H O S D S A Q A I R H
J A O Y U K B U I P R E P O R T C A R D
R T U G M T U O R T M R H O M E W O R K
T H N L Z T S I A I E C I E C Z V U H F
Z P G I A O N H A R O M S W R I T I N G
C D E P F C N I E L D Q H M A X E S N M
G I Z U I O G Q L I T X E T I Q D H E U
W R L P S D U E G T C U R R I C U L U M
T G A S S I G N M E N T J H Q R C U T G
P L E D S E I N K R A T T E N D A N C E
E L X I E D O H V A R E H C A E T T E S
N S T A A S O J Y T I S R A V L I Y J F
C E R E D P E N Q U I Z R K Y P O O B G
I J R U S S E C E R H H S I L G N E U P
L A K O O B E X L E V E N N Y D U T S L
J R K A M C O R C N D J Z M C D U D S D
```

ACADEMIA	EXAM	READING
APPLE	GPA	RECESS
ARITHMETIC	GRADES	RED PEN
ASSIGNMENT	GYM	REPORT CARD
ATTENDANCE	HOMEWORK	SCHOLAR
BLACKBOARD	LESSON	STUDENT
BOOK	LITERATURE	STUDY
BUS	LOUNGE	SUBJECT
CAMPUS	MATH	SYLLABUS
CLASS	PAPER	TEACHER
COLLEGE	PENCIL	TEST
COURSE	PHYS ED	TEXT
CURRICULUM	PREREQUISITE	UNIVERSITY
DESK	PRINCIPAL	VARSITY
EDUCATION	PUPIL	WRITING
ENGLISH	QUIZ	

Canines and Felines

```
D W J P V Q D A C H S H U N D G I R K N
B D O A H M N A I N A R E M O P E R A Y
O A D H V A D K E L P I E D B V F I B M
X W L N C A N R P E R E L I E W T T O R
E E J I U W N V E I G L L I R A M O J H
R I Y J N O O E S H U P R G M H B K R A
W M W U Z E H H S B P T Z L A J Q E N B
H A C I K S S Y C E E E A B N E V T B Y
I R O L G E A E E R C D H C P E B G M S
P A C F T R E I R R E T H S I T T O C S
P N K T O A O O N G G I Y R N B L N O I
E E E K D X D C N T H B T L S A J A L N
T R R F H A H O H U B E A H C S M I L I
A X S S R A O O A S R E E X H S T R I A
D R P B I C Q H U N L E R T E E S E E N
N X A O E A U N E N P E N N R T D B P G
P L N N A N D Z D D M W Y A P S I S E
K J I A R B L O O D H O U N D R G S C T
F A E B M O C G A R L G R E A T D A N E
M B L B G P E K I N G E S E N I K N O T
```

ABYSSINIAN	DOBERMAN	PEKINGESE
BALINESE	PINSCHER	PERSIAN
BASSET	FOXHOUND	POMERANIAN
BEAGLE	GERMAN SHEPHERD	PUG
BLOODHOUND	GOLDEN RETRIEVER	ROTTWEILER
BOXER	GREAT DANE	SAINT BERNARD
BULLDOG	GREYHOUND	SCOTTISH TERRIER
CHIHUAHUA	IRISH SETTER	SHEEPDOG
CHOW CHOW	JAVANESE	SIBERIAN
COCKER SPANIEL	KELPIE	TERRIER
COLLIE	LABRADOR	TONKINESE
DACHSHUND	RETRIEVER	WEIMARANER
DALMATIAN	MAINE COON	WELSH CORGI
	MANX	WHIPPET

Big Business

```
Z O U L E S A K S U L A V R E P U S D V
I P S D O T N A L O R O T O M T C H R I
S B N N F C A O X A M E C I F F O T A A
P S E H O D K T S R S A F E W A Y R N C
R L E O I I Q H S T O R M P O N E O E O
I H R M X A T N E L R Z O O J N D W M M
N O G E N E R A L E L E C T R I C L A I
T K L D H T Y M C L D A B A O E B O R C
R R A E C I U M K I T M W L A M A O A R
A O W P N R B U M Y N E A D A A D W T O
M G Y O Y E T R A S M U G R R E P R H S
L E S T L Y S G R I B M M R T A S T O O
A R T Q L I E P T T B A Y M A I L O N F
W M A L L I B O M N O X X E O T N L O T
P E P S I C O R E Y E N N E P C J E I K
A I L Z R F I H D O W C H E M I C A L D
G J E S R K E T O Y S R U S S S N B L V
E E S G E N E R A L M O T O R S C T S H
H R Z A M P U O R G I T I C D P V D E F
T G H X W Y E N S I D T L A W Y S A S L
```

ALBERTSONS	KMART	SAFEWAY
ALLSTATE	KOHLS	SBC COMMUNICA-
BEST BUY	KROGER	TIONS
CITIGROUP	LOCKHEED MARTIN	SPRINT
DILLARD	MARATHON OIL	STAPLES
DOW CHEMICAL	MEIJER	SUPERVALU
EXXON MOBIL	MENARD	TARGET
FANNIE MAE	MERRILL LYNCH	THE GAP
FORD MOTOR	METLIFE	TIME WARNER
GENERAL ELECTRIC	MICROSOFT	TOYS R US
GENERAL MOTORS	MOTOROLA	UPS
HOME DEPOT	NORTHROP	VIACOM
IBM	GRUMMAN	WALGREEN
IKEA	OFFICEMAX	WALMART
INTEL	PEPSICO	WALT DISNEY
JC PENNEY	RITE AID	WOOLWORTHS

Ready to Wear

```
K C N Q K F V K N G G F E B H J N K F W
P O C D I T I O D G G K A C A N K L O A
U T T L H R Y U H O M N E S E D V O P A
A T E F F A T N B A U N I K S E L O M X
L O V K R E C H H C N B L T P A L R U B
K N L L H W I G L V I K L G T Y O F Q W
C H E K V T N T R P L L O E E E H V U G
G C V K W I O Z E F S I D S K R N P L F
S O A C G N E L K I U N T M I N E D I D
D R B S C K B C C A M E L S H A I R S Q
D D Z P H V E Z U Y R N U L T Z N T T S
P U X A E M Q L S X R U I W O Y O T H V
H R V N H R E B R Y P R E K L I S T S U
G O P D F K L R E M Q E E O C Z O A H L
U Y Y E M B L N E O D L N T K L V Z B I
A F L X J Q I J S H L V L G C N Z O V N
G T N D Y T N F L A N N E L A M X Z G G
S J F I A U E X C I O J I C S U N X X J
X G S S O L H F I R S O R M Y J Z F E W
V C R C E E C H I F F O N Y O F B E L Q
```

BURLAP	LINEN	TWEED
CAMELS HAIR	MOHAIR	VELVET
CANVAS	MOLESKIN	WOOL
CASHMERE	MUSLIN	
CHENILLE	NETTING	
CHIFFON	NYLON	
CORDUROY	OILCLOTH	
COTTON	POLYESTER	
DENIM	RAYON	
DOUBLE KNIT	SACKCLOTH	
FELT	SATIN	
FLANNEL	SEERSUCKER	
FLEECE	SILK	
GAUZE	SPANDEX	
GINGHAM	TAFFETA	
KNITWEAR	TERRY CLOTH	

Legal Words

```
R E V I E W U L T R A V I R E S I V E D
F H J A S T L T J A S S I G N M E N T U
I V R E S E S A A D E M U R R A L O A L
S O E N E C N A V I N N O C A R Y N L A
C U M J N Y Q R W O C O V E R T R A T U
I C I O T D G E N E R A L D A M A G E S
E H A I I H E W Y O V P I T P O U E R N
N E L N A R T S K H I I P F N N D D A E
T E C M L P A N E L E T S A G E I P B S
E G S E R I V A R T N I C S T Y S Y L N
R O I N O I T E R C C A R N I E E S E O
I S D T P R I V I L E G E L U M R S I C
V J U R I S D I C T I O N G O J R C J D
H K X E T A T S E T N I S I A O N E E A
P C T U N Q U A L I F I E D D R M I P S
K M N Q Y R E V E R T I B L E A E Z U U
V X A A Q T N E M T N I O P P A E D G A
Y D R J B E Q U E S T I U C R I C L N C
S K G S O T I U S W A L A I R T E R P U
H M I N O R I T J P J P G H T M Y S B B
```

ACCRETION
ALTERABLE
APPOINTMENT
ASSIGNMENT
BANCH
BEQUEST
CAUSA
CIRCUIT
CONNIVANCE
CONSENSUAL
COVERT
DEMURRAL
DEVISE
DISCLAIMER
DISSENT
ENJOINMENT

ESSENTIAL
EVASIVE ANSWER
GENERAL DAMAGES
GRANT
HEIRLOOM
INJUNCTION
INTESTATE
INTRA VIRES
JURISDICTION
LAWSUIT
MAJOR
MINOR
NONAGED
PANEL
PERMISSIVE WASTE
PLEA

PLEADING
PRETRIAL
PRIVILEGE
RESIDUARY
REVERTIBLE
REVIEW
SCIENTER
SECRET APPROVAL
SMART MONEY
TESTATE
TRIAL
ULTRA VIRES
UNDERAGE
UNQUALIFIED
VOUCHEE

Pie-Eating Contest

```
P V G M P Z P E S P P X T L F X D T B Q
G X K L H E U U S W H P W L L F X V V B
W N S A T G C W B T E Z Z E E T C K M A
M U V U N A G A U A C E M G Q M H Y B F
V E W I Y D X N N S N A T Y Y R O K I R
B C R E A M O U F K N A R P K I C N X Z
S E V B Y C T R S U M R N S O B O Z H P
M L E H O B U G U K E M O A K T L H S W
C P G C U I L D X B I Y I D C I A I K K
H P E T T C K A P N R E S N X R T T F J
E A T O J E C S C R K E Y L I M E B O L
R E A C P C A E E K H E D O M A L A Y W
R N B S M R M B R A B U H R Z U C Y M W
Y I L R T E W D S D R E H P E H S D B E
S P E E A A H C A E P D R B U B R Q L M
Y G E T R M U R D M C W E R L M T P R B
M T K T W J C U S T A R D Q Y S P Q X V
X C S U Y J M S O I R Y D E K A B K L K
Z R T B L N U T Y Y B H G U L Q W R I U
U S N D B A B V D G H I K A N V S B S N
```

A LA MODE	LEMON
APPLE	MERINGUE
BAKED	MINCE MEAT
BANANA CREAM	MUD
BLACKBERRY	NUT
BLUEBERRY	PEACH
BUTTERSCOTCH	PEANUT BUTTER
CHERRY	PECAN
CHOCOLATE	PINEAPPLE
COCONUT	PUMPKIN
CREAM	RASPBERRY
CRUST	RHUBARB
CUSTARD	SHEPHERDS
FRUIT	STRAWBERRY
ICE CREAM	SWEET POTATO
KEY LIME	VEGETABLE

Latin Sayings

```
W P E R D I E M U T P I R C S T S O P A
K B N O D L Z R Z S A I T A R G O E D O
O P R O T E M V R I D E S T H C R Z A M
U E T S E Q U E N T I A X H A P I I U I
G R A D I N F I N I T U M L R B T T V T
R C R C B T O Z I N L O C O I A I C P L
F E E I F E N U M E R O C D R B N V O U
E N T R I I S E Z E W U E G I E I N S B
C T E C D D X R R Q R M I L Z D M E T Z
I U C A E N T O E A Q L D X E A O N M R
T M T I I U P O T P P A A M B P D E E X
N A E L D M C I E M P O Q T E I O B R H
E G H A E O O R A R P U C R E B N A I Y
C Y P T F N A X O Y O I E O Q I N T D N
R E O E E N E X W D S C B I L D A O I V
E R M M N A I R U T I U Q E S N O N E R
P U X U S M C A N T E M E R I D I E M T
O J M P O A D N A U S E A M L U C F K Z
D E M A R P O T C A F E D T L Z C B E O
C D D E O V O L E N T E D I V D O U Q O
```

AD INFINITUM
AD LIB
AD LIBITUM
AD NAUSEAM
ANNO DOMINI
ANNO MUNDI
ANTE MERIDIEM
CIRCA
DE FACTO
DE JURE
DEO GRATIAS
DEO VOLENTE
ET AL
ET ALIA
ET CETERA
ET SEQUENTIA

EX LIB
EXAMPLI GRATIA
FECIT
FIDEI DEFENSOR
IBID
IBIDEM
ID EST
IDEM QUOD
IN LOCO
IN LOCO PARENTIS
NON SEQUITUR
NOTA BENE
NUMERO
OPERE CITATO
PER ANNUM
PER CENTUM

PER DIEM
PER PROCURATIO-
    NEM
PER SE
PERCENT
POST MERIDIEM
POST SCRIPTUM
PRO TEMPORE
PROTEM
PROXIMO
QUOD VIDE
SIC
ULTIMO

Nations

```
I T U A T B S B X C F Q W B Y H V L T B
V I E T N A M H E G I A N A W S T O B R
R C N Q U H W C S L D T G R E E C E R I
D N A L E R I P A S A U L E R D M N T A
S U D A N A A M I V O R Y C O A S T G I
R M D D I I X M C N C K U O P L I Q N N
O G O T N N E B A A H M T S A G W S A O
E A G R D D I T I L A E X F G N A A I T
T R N Z O N A V S V D N A K N A L I R S
X R O H N C A M U N A I Q W I B A R A E
E O C R E L C T R T E S V W S P M T G G
B D J S S V D O S U C T K E B F Q S L Y
Q N O O I N W I Q I B A H T S B O U U P
A A G V A K K I E J K N P C A P O A B T
L U L L J I B A A Y N E K E E I N T F M
Y O O B J M C T B A S U B A V I W L R V
L P E A A H E W B A B M I Z U E L A A G
A V T Z I N O H D Y R A G N U H R M N M
T O O N Y A I L A M O S X R F M V D C J
I M A N G O L A U B V F Q O H T O S E L
```

ALBANIA	FRANCE	MOZAMBIQUE
ANDORRA	GREECE	POLAND
ANGOLA	HUNGARY	SINGAPORE
AUSTRIA	INDONESIA	SOMALIA
BAHRAIN	IRELAND	SPAIN
BANGLADESH	ITALY	SRI LANKA
BELARUS	IVORY COAST	SUDAN
BOTSWANA	KENYA	TAIWAN
BULGARIA	LAOS	TAJIKISTAN
BURMA	LESOTHO	TOGO
CAPE VERDE	LIECHTENSTEIN	TURKMENISTAN
CHAD	MALAWI	UZBEKISTAN
CHINA	MALDIVES	VIETNAM
CONGO	MALI	YUGOSLAVIA
EGYPT	MALTA	ZIMBABWE
ESTONIA	MOROCCO	

Girls

```
A Y P M Q Q V H C J Z J L I S P Z J Q A
N L Z B T U A A X E L I Z A B E T H S Y
N I E V B L E N K F P A L L E B A S I W
A M S X E K N N J M A C K E N Z I E E L
S E K Y I A O A I G I F S X V E O L H C
J V D Q D S B H A R G S H A I L E Y D O
T H P R I H R A C H E L Y N I C O L E N
X S O D C L N I P A Q H A D E S T I N Y
N J A B N E N H A E L H T R N T F L A L
G M M R R Y E P J D P Y L A W E J E I T
A K J U A P K O P E B A S R K A Y G R I
X G A U V H O S T T N H M S S G C J A A
L L Y Y Z H O S A H T N A M A S D E M K
O A J L L Z R A B A V V I N E A X S O I
S U V U F A B R I A N N A F N V G S R P
B P J I L N V V G W E A L L E A F I G U
E C E T D I I R A L L I S O N R V C A L
Y K V G O L A D I M T X E I L A T A N N
L I P K O C R O L Y A T Z H I T V Y S O
K Y L I E V Z O C L A L Z B T Q Y W D F
```

ABIGAIL	GRACE	MADISON
ALEXANDRA	HAILEY	MARIA
ALEXIS	HALEY	MORGAN
ALLISON	HANNAH	NATALIE
ALYSSA	ISABELLA	NICOLE
ANNA	JASMINE	OLIVIA
ASHLEY	JENNIFER	PAIGE
AVA	JESSICA	RACHEL
BRIANNA	JORDAN	SAMANTHA
BROOKE	JULIA	SARAH
CHLOE	KAITLYN	SAVANNAH
DESTINY	KATHERINE	SOPHIA
ELIZABETH	KAYLA	STEPHANIE
ELLA	KYLIE	SYDNEY
EMILY	LAUREN	TAYLOR
EMMA	MACKENZIE	

Your Sign

```
F A L A O C K L S F K M N A O W X Q J C
D M Q A Y M I S W P S B W O G N C F O O
Y K V U S P I B I R T H D A T E S A A J
B G T S A C E R O F N K Y S L S T I P K
G J F O E R O F K B I S R E C N A C G R
R J K J H E I R X P E N S J M E R V E N
J F S H L C B U P C U T V U M Z S G G R
T V R L N H H A S I I E P O C S O R O H
R O N A H P Y I O A O S B B L L D B A O
K D Q L M K P G L C G D I P O O I R G C
X K S I S Z A B E A U I R R L Y V R E Q
E U P G W W O R S P T E T S D A I Y D M
K O D N M D F U B R D S H T K V N H C G
N O O M I N R J T I A N P I A Y A E E R
I U A E K U C R C C L E L S F R T M T I
J H S N A S A T T O V V A N A P I C I S
O Z V T W H I J N R C A C A R N O U N Z
Z X P B C O D T S N M E E R I E N O S T
I H P T N J O F I K C H D T E A R S H N
K H G M W S Z J L N Z N G R S Y F Y Y Z
```

ALIGNMENT

AQUARIUS

ARIES

ASTROLOGER

BIRTHDATE

BIRTHPLACE

CANCER

CAPRICORN

CELESTIAL BODIES

CHART

DIVINATION

FORECAST

GEMINI

HEAVENS

HOROSCOPE

LEO

LIBRA

MOON

PISCES

PLANETS

PREDICTION

SAGITTARIUS

SCORPIO

SIGN

STARS

SUN

TAURUS

TRANSITS

VIRGO

ZODIAC

Car Parts

```
F X I D N W M Z D T F A H S M A C W C Q
J Z I T V T H D S A N T E N N A L D L A
M U G V S H V E R I S I V I X P T E U S
J K N N K G C L E L X H E A D R E S T O
T U I O E I D I B L Y K B E W S U A C K
P T T V U L Y O R I R R U O A N R O H B
N H I H I G S R O G E E C C A T W L J I
T R O A G N R W S H T D K E E R A O I W
Q O N D M I E H B T T N E R P I D N L I
I T G E M K L T A K A E T I T R E R K N
H T S H F R F Y K R B F S N H A E D I D
R L C E V A F P C R E T E M O D E E P S
F E E H A P U D O N O R A U N I X F V H
E E T G A T M D H N E G T I T A H R F I
U B Y E U S B G S F R G L I E T A O H E
V U U Z M A S E F Z V Y R W K O U S K L
U G E H F O G I L M C E Q E Y R S T S D
Y K G O V U D S S T A C H O M E T E R A
U U Q Z G L S O A I R F I L T E R R M X
Z Y R Z V Y Q E N G I N E K O H C K V Q
```

AIR FILTER	ENGINE	RADIATOR
ANTENNA	EXHAUST	SEAT BELT
BATTERY	FENDER	SHOCK ABSORBER
BUCKET SEAT	FUSE	SPEEDOMETER
CAMSHAFT	GAS GAUGE	STARTER
CHASSIS	HEADREST	TACHOMETER
CHOKE	HOOD	TAILLIGHT
CLUTCH	HORN	TANK
CRANKCASE	IGNITION	THROTTLE
CYLINDER	MUFFLER	TIRE
DASHBOARD	ODOMETER	WHEEL
DEFROSTER	OIL	WINDSHIELD
DIFFERENTIAL	PARKING LIGHT	
EMERGENCY LIGHT	PISTON	

Movies

```
T A Y T N V I W H B I D P L K X T H O X
P U J M G Z Y T N W O T A N I H C E F F
J C G X A C P R L E N A L P R I A O O X
D Z B O C D K G X I L R P P R A P J O V
U F W T B D M K H L Z B O D Y H E A T H
Q F S J B P R A I N M A N P K B F N L E
I G T W F F J A X O N E R G E W E P O R
V B D T Y Z T D H J X P I B B E A K O O
D K J M I J J H K E V G E F W N R B S C
M E N J S C T H E P I A N O S O O K E K
H J T I W Q S F R S N D L R W C T W X Y
U A P K N R K B H K T L E T O O A A O C
Z L L N X Y E K S B A I E P Y A I S R Z
R L T I K T O C K H S N N S P S D S C E
Y R O O E H I E A O O W T G A E A U I L
K P O K C N N D O F G O S T R N L W S A
X H T Y A K S H C F R W N D X O G C T Y
C T S T F A H S Z Y A A X T W R S X E P
A P I Y N T E X B J F N C O N T A C T X
H T E Y N W G Y J U B U G S Y S V D J V
```

AIRPLANE	GIGI	ROCKY
ALIENS	GLADIATOR	ROPE
BODY HEAT	HALLOWEEN	SCARFACE
BRAZIL	HERO	SHAFT
BUGSY	HOOK	SHREK
CAPE FEAR	HOOSIERS	THE PIANO
CHINATOWN	JAWS	THE STING
CONTACT	MAD MAX	TITANIC
DIE HARD	NETWORK	TOOTSIE
EXORCIST	PSYCHO	TOY STORY
FANTASIA	RAIN MAN	TRON
FARGO	REDS	
FOOTLOOSE	ROBOCOP	

Veggies

```
G I Y P N V G T P K E U Y N W I C M J H
Y A T O R R A C E L E R Y A M J R L U G
L Q Z T Z K B U A V I Y H S G X P E C E
I S G A E F A C S V R M W R R V B E E T
I D S T Z V Y U T A I L E T T U C E G N
L Q W O O Y W M W N P E K O H C I T R A
O C I C Y K U B V I N U G K U O S J H L
C B A L S E U E N P Q V K N I K P M U P
C D S U Q Q H R E W O L F I L U A C A G
O P F E D A U P A T H A W F N W S R G G
R Z Q P V T P A A G D N N M A Y P H K E
B R U S S E L S S P R O U T S I A O T O
H X R C R B Z S A H I E E T E K R M R H
Y C R H C C U M F N Z R E R G P A B Z N
H O A J D H A K O B C M Q N A Z G L G Y
Y N D N Y C I P Z R N Q M R B D U X E U
Z A I E I H V N E R D D S I B E S O J F
K Q S J E P S S I C J N A G A B A T U R
L B H O Y I S T P U I N W G C I T N V F
J W O F C E E J O P L R L E N T I L S F
```

ARTICHOKE	EGGPLANT	POTATO
ASPARAGUS	GREEN BEANS	PUMPKIN
AVOCADO	GREEN PEPPER	RADISH
BEET	JICAMA	RUTABAGA
BROCCOLI	KALE	SPINACH
BRUSSELS SPROUTS	LENTILS	SQUASH
CABBAGE	LETTUCE	TURNIP
CARROT	OKRA	WATERCRESS
CAULIFLOWER	ONION	YAM
CELERY	PARSNIP	ZUCCHINI
CUCUMBER	PEAS	

Dental

```
F F Q M R G O Z I S Q H O N N E C H E W
I N X L O U V J D R U S L C J E F Y N Y
V X V C O D P W E D N S D P R V E E I A
L L Z E T J H Y V X X P L H W T N F L H
M Y A H C T T Q V O Y E S U E E L I M S
V X M T A D P U E D M L Z E F S Z H U S
J J Z E N N W H S A W H T U O M P O G L
I R R E A O T V N K S H L E N U S N U G
D B R T L E D E Y U S S M N T G A U A M
U C E K M P M O R E Q B B I O F R K R F
I H T C F W I B I I C N Q D O E A U L J
O U S U B A H T A R O I N Z T L L U Z J
C B A B L T I R F Z E R N R H Q O N C I
A D P W O V X K H J F P S C P R M Q U G
I I H O A S S I T I V I G N I G C E S H
S C T C B A M H O I P P L D C S L Z P X
V S O U W L S T O S T P E L K D O N I A
N O O G N I N E T I H W H O I D O R D K
I H T L X V Z E J B F L E U G N O T S L
Y T S O F A Q T T L Q W Q V Q Z G H J S
```

ANTERIORS	FLOSS	SALIVA
BREATH	FLUORIDE	SMILE
BUCKTEETH	GINGIVITIS	TEETH
CAVITIES	GUMLINE	TONGUE
CHEW	GUMS	TOOTH FAIRY
CUSPIDS	INCISORS	TOOTHBRUSH
ENAMEL	MOLAR	TOOTHPASTE
EYETEETH	MOUTHWASH	TOOTHPICK
FANGS	PERIODONTAL	TUSKS
FILLING	ROOT CANAL	WHITENING

Tribes

```
G N E J T H B K D W A S A K C I H C I F
J A P I N A I K P Q N A L V V N W O S V
S I W A S H X L U B W I G A H C B I H C
H P Z U T D A E Z T L U O W I C O E U D
M U M A L A C A L U F A N E B U E H K V
K T D K P H G I X U H M Q P X R A M S S
B T J W U U N O E M B G U P C H G H L I
O A P A A G E G N E G L I I A W A T T O
J O E R I E I B R I U A A H Z W D Z M R
M R D T M A S A L W A Y N C N M N F O X
M W K I N V W R C O R N C E K R O X H C
I F A F Q A A I E K A Q E O D F N Q A H
P M Y P L R K K T E N N W T M A O G V E
I J X E A X Q A L E I A R A P A H O E Y
L K D O C C A R O R A C S U T W N K T E
Y T T B R T H E T C N O O T K A O C Q N
A A A C O K V E N O H S O H S R C N H N
M Y Y K W M X J W Z A A D I E N O N V E
U I A C Z A N S G Z H U F H U R O N O G
M D M J S Q C A N A U H C I U Q J Z G P
```

ADENA	CREEK	ONONDAGA
ALACALUFAN	CROW	OTTAWA
ALGONQUIAN	DAKOTA	PATAGONIAN
APACHE	DELAWARE	PONCA
APINAI	ERIE	PUEBLOAN
ARAPAHOE	FOX	QUECHUA
ARIKAREE	FUEGIAN	QUICHUAN
ATOARA	GUARANIAN	SHAWNEE
BLACKFOOT	HURON	SHOSHONE
CHEROKEE	MAYA	SIOUX
CHEYENNE	MIAMI	SIWASH
CHIBCHA	MOHAVE	TLINGIT
CHICKASAW	NAZCA	TOLTEC
CHIPPEWA	NOOTKA	TUPIAN
COMANCHE	OLMEC	TUSCARORA
CREE	ONEIDA	

United States

```
D C Q Y I H A W A I I N D I A N A A Z S
E N O B I D A H O C I X E M W E N M I A
L A O N E W J E R S E Y I X L N O I L S
A O K E N T U C K Y X S T G I O Z N L N
W T N S V E A T W E S T V I R G I N I A
A E O B A N C X U I T R D R U E R E N K
R X T K A R D T S J T N N U N R A S O R
E A G T A N B S I O E H A O E O S O I A
R S N N Q D I E K C S H L S W A O T S K
I O I J N P H L N O U S S S H U U A T R
M N H W P O A T O Y H T I I A C T D N O
P A S I J H R N U R C X E M M O H I O Y
W G A N O M D T A O A Q D P P L C R M W
N I W M L U T A H I S C O F S O A O R E
J H A M A B A L A D S J H Z H R R L E N
C C A L I F O R N I A I R T I A O F V E
C I W D N A L Y R A M K U R R D L P V V
M M O F Y H P F S E H Y O O E O I A C A
P X I R Z E E S S E N N E T L W N L V D
H Q I P E N N S Y L V A N I A L A S K A
```

ALABAMA	KENTUCKY	NORTH CAROLINA
ALASKA	LOUISIANA	NORTH DAKOTA
ARIZONA	MARYLAND	OHIO
ARKANSAS	MASSACHUSETTS	OKLAHOMA
CALIFORNIA	MICHIGAN	OREGON
COLORADO	MINNESOTA	PENNSYLVANIA
CONNECTICUT	MISSISSIPPI	RHODE ISLAND
DELAWARE	MISSOURI	SOUTH CAROLINA
FLORIDA	MONTANA	SOUTH DAKOTA
HAWAII	NEBRASKA	TENNESSEE
IDAHO	NEVADA	TEXAS
ILLINOIS	NEW HAMPSHIRE	UTAH
INDIANA	NEW JERSEY	VERMONT
IOWA	NEW MEXICO	WASHINGTON
KANSAS	NEW YORK	WEST VIRGINIA

Very Funny

```
G L K X R A M O H C U O R G C L B M N B
Y A D I L O H N A M O R J D S G G V O O
E S H E C K Y G R E E N E I T I T F S B
T H E G O L D R U S H O A M E L I E L H
A E I N O H T Y P Y T N O M V D S J I O
U S V N E L L A Y D O O W U E A T C W P
D I J O H N N Y C A R S O N M R H G P E
A U E C L E R U A L N A T S A A E E I L
R O E S E E L C N H O J H R R D A O L R
G L Y T U T G U G X A A Q C T N P R F E
E E F I N D I N G N E M O R I E A G O B
H D L A F R I C A N Q U E E N R R E R N
T M L R L A T S Y R C Y L L I B T B R O
H O A G A R D E N S T A T E K H M U E T
E D H D L S F D I C K S M O T H E R S L
S Z E I G E O R G E C A R L I N N N T I
T W I B T T E K C A H Y D D U B T S G M
I K N N R D Y A R R U M L L I B X P U C
N G N H R E P F T R O H S N I T R A M B
G A A F B O B N E W H A R T L K Z U P I
```

AFRICAN QUEEN	FLIP WILSON	RICHARD PRYOR
AMELIE	FORREST GUMP	ROMAN HOLIDAY
ANNIE HALL	GARDEN STATE	SHECKY GREENE
BILL MURRAY	GEORGE BURNS	STAN LAUREL
BILLY CRYSTAL	GEORGE CARLIN	STEVE MARTIN
BOB HOPE	GILDA RADNER	THE APARTMENT
BOB NEWHART	GROUCHO MARX	THE GOLD RUSH
BUDDY HACKETT	JOHN CLEESE	THE GRADUATE
DICK SMOTHERS	JOHNNY CARSON	THE STING
DOM DELOUISE	MARTIN SHORT	WOODY ALLEN
DR STRANGELOVE	MILTON BERLE	
FINDING NEMO	MONTY PYTHON	

Baseball Players

```
T O M S E A V E R W H A C K W I L S O N
E Q E A M T T Q J O E D I M A G G I O S
R V I S R F I T E D W I L L I A M S X G
N H F A O K D R J Y E F F I R G N E K Y
I T C T H R M R E T N U H H S I F T A C
E Y M C Y J E C J O H N N Y B E N C H R
B O B H R A A T G X A F U O K Y D N A S
A G I E R C K I E W G I R H E G U O L A
N I L L E K M X S P I S T D N E O W L H
K B L P P I A B R W K R A H Q E H L K Z
S E Y A D E L B U O D R E N B A E O S L
D R W I R R B D O Y Y P O E U N E X R U
N R I G O O A R E G G I E J A C K S O N
O A L E L B B X O Y J V X P E S Y I I K
B F L P Y I E E L T N A M Y E K C I M N
Y G I J A N R R E N G A W S U N O H Z G
R A A K G S U P Z O C E S N A C E S O J
R A M V S O T L S Y A M E I L L I W N D
A T S W U N H D O N D R Y S D A L E Z O
B I L L Y M A R T I N E K P I R L A C S
```

ABNER DOUBLEDAY	GAYLORD PERRY	MICKEY MANTLE
BABE RUTH	HACK WILSON	PETE ROSE
BARRY BONDS	HONUS WAGNER	REGGIE JACKSON
BILLY MARTIN	JACKIE ROBINSON	ROY CAMPANELLA
BILLY WILLIAMS	JOE DIMAGGIO	SANDY KOUFAX
BROOKS ROBINSON	JOHNNY BENCH	SATCHEL PAIGE
CAL RIPKEN	JOSE CANSECO	TED WILLIAMS
CATFISH HUNTER	KEN GRIFFEY JR	TOM SEAVER
DON DRYSDALE	LOU GEHRIG	WILLIE MAYS
ERNIE BANKS	MARK MCGWIRE	YOGI BERRA

Wild Things

```
J M L G Y G Q T T V U F S X X X V H I G
Y K D I R Z I Q F K N U K S L S B R G V
Q C L E D G M M T C N C N N R E N D H V
V G O H E G D E H D A J U G H E S C S J
M K E R C R Z R N M G C M P I G T A D Q
A M O N G O O S E I M U P E N R X T E X
R J N R P T Y L U V P I I C O T A R O W
N A A N E Y H O F M A U H N C I A F A N
W R C R K T N O T J A E C Z E A W L F I
H B R R I W S I J E E T B R R A R C B E
P E X B X E Z M H T M D O D O U P H A N
F Z B E T L D Y A P S Q V P S P O I D B
N A I O I L L H G H L A N T O R N N G E
R R K B K E S I O P R O P D S P C C E F
J B R H O Z J T D K O Z D E K L P H R G
Q E E P S A P H I C T V L C P L U I I R
G Q A B G G T Q C N D A V C L Y Y L H S
P R H U M A N A S Y H T N A H P E L E K
D W A H I S R L O W S F M V P F B A T W
D R G Z K E V D Q G S A B J K J L L L A
```

AARDVARK	GAZELLE	OTTER
BADGER	GERBIL	PIG
BAT	GIRAFFE	PORCUPINE
BEAVER	GOAT	PORPOISE
CAMEL	GUINEA PIG	RABBIT
CHEETAH	HAMSTER	RACCOON
CHINCHILLA	HEDGEHOG	RAT
CHIPMUNK	HIPPOPOTAMUS	RHINOCEROS
COYOTE	HORSE	SEAL
DEER	HUMAN	SKUNK
DOG	HYENA	TIGER
DOLPHIN	JAGUAR	WALRUS
ELEPHANT	LEOPARD	WEASEL
FERRET	LLAMA	WHALE
FOX	MONGOOSE	ZEBRA

All Aboard

```
F O V M F G S H L N R T B P B D E T P R
I V L W G F O R C A P B O S L A D D E R
I U F U R N L J D P N P Z W E L K C A T
U Z X I J L N I Q F U C W I N G S Q S D
E L P R N U G J N G Y R W E N X S H G T
G W I D E H P O P P I H S V U I H H G O
A L E J P C F X P X F Z Z E G Y I N E P
R O J H L P I K N N D B Z D R A W E T S
E E C N G O K F K K S G Y Z M W L F U I
E L K S W O F R F F F R C K D G X L U D
T A T S G P E E D O L O C L R N P Y E E
S W Y S O D A E H R E V O B C A W J U Y
X N J R A E A B I N N A C L E G W C V D
U U T Q F C M O O R E T A T S A S L E E
F G N A T K E A F T W O P O V T M C U W
T D Z G S T A R B O A R D A E H K L U B
V B J J L V T D O O U I W R T W Q I W X
K Y N N S X H N N F A O N K C J S S E M
V V R Y R Q B I S V B R I D G E K T O D
Y I Z C G A W C C H E A D F J R K T X S
```

ABOARD	GANGWAY	SHIP
AFT	GUNNEL	SOS
BEAM	GUNWALE	STARBOARD
BINNACLE	HEAD	STATEROOM
BOW	LADDER	STEERAGE
BRIDGE	LIST	STERN
BULKHEAD	MESS	STEWARD
BULWARK	OFFICER	TACKLE
DECK	OVERHEAD	TOPSIDE
FORECASTLE	POOP DECK	WINGS
FREEBOARD	PORT	
GALLEY	PURSER	

Fishy

```
X G H L D J Q L P H M V L O W D V R I E
W B G A S T B G E C I H K S O O U M Q L
O R S D D H R N R W B B A L N Z K V C F
V J E B Y D I O C U V Y Z L N J V H V Y
H X X T C D O K U C N O L Y I Q U E F H
Q T Z P R N R C A T F I S H M B S L S D
C P M A V A A Y K L G M O Y P P U G S Z
N I S Z H Y D A H E O D H N E K H T N Z
L K T S X S P T U G S P P U E S S L A U
G E U Y B K V L U M U P V J I U I Q P Q
H E R O C A B L A N A O R F L H F K P F
R Y G E O Y S X I B A R R A C U D A E E
Z E E S K R W S N A U A L E C E L X R K
Z L O H S C E I J H T L G I G N O H E P
G L N P C R A P P I E W L A N N G E D I
O A T O R R F M U C Y V O H C N A R N X
B W D A M R E G F O Z B A L E O K R U B
U A N G E L S P F D R S O L L A L I O T
W N L H U T A O E M M G O G L E D N L X
O L B C H U T S R G O S L O L M Y G F E
```

ALBACORE	GOLDFISH	SARDINE
ANCHOVY	GROUPER	SHARK
ANGEL	GRUNION	SNAPPER
BARRACUDA	GUITARFISH	SOLE
BASS	GUPPY	STURGEON
BLUEGILL	HADDOCK	TROUT
BULLHEAD	HALIBUT	TUNA
CARP	HERRING	WALLEYE
CATFISH	MACKEREL	YELLOWTAIL
CHUB	MARLIN	
COD	MINNOW	
CRAPPIE	ORANGE ROUGHY	
DARTER	PERCH	
FLOUNDER	PIKE	
FLUKE	PUFFER	
GOBY	SALMON	

From Time to Time

```
F E B R U A R Y M Y E E E R K E C I W W
M M I J U N E M R I Q I N J E D A C E D
I J R G L S B K M B L O H R E O S L L L
N H U A S U M M E R S L X A W K C L T H
U S T O D R E T R A U Q E G L Y A S J L
T N J N N N C K E N Z Z N N C F T U W E
E K D N O C E S I L L I M C N O L I Z A
N Z N O C M D L Y K R O I M F I N I V P
R G O I E C Z Q A P A N J Y A T U X F Y
U A C T S S A P S C O M T N E M O M M E
O Y E A O O E L B T N V C R M S B Q U A
H D S R T L R A E Y L A I C N A N I F R
C K O E M A O M A N L N I R E B O T C O
R M C N E R C X T E D F O R T N I G H T
A C I E F Y S Z N S R A A V O P T C N J
M P P G A E K D W T Y V R E E G W U H U
Y X R M T A A J A N U A R Y M M E M R L
Y D M I C R O S E C O N D E E F B R G Y
R C L Z L T B D N O C E S O N A N E G F
U D K O Z O C L S E P T E M B E R C R V
```

APRIL

AUGUST

BEAT

CALENDAR YEAR

CENTURY

DAY

DECADE

DECEMBER

FALL

FEBRUARY

FEMTOSECOND

FINANCIAL YEAR

FORTNIGHT

GENERATION

GREGORIAN
   CALENDAR

HALF LIFE

HOUR

JANUARY

JULIAN CALENDAR

JULY

JUNE

LEAP YEAR

MARCH

MAY

METONIC CYCLE

MICROSECOND

MILLENNIUM

MILLISECOND

MINUTE

MOMENT

MONTH

NANOSECOND

NIGHT

NOVEMBER

OCTOBER

PICOSECOND

QUARTER

SCORE

SEASON

SEPTEMBER

SOLAR YEAR

SPRING

SUMMER

WEEK

WINTER

```
M Q M O G K G Y S W O P X L F O Y S J G
H R R A O R O S A X B K L U X G K S Z L
X G X E Q I X R G A R U V W Q S D O Y Q
C T L C N H H S E D B A C U K A P I I D
O Z D X W O A U D M A X E E L K X W X Z
B H Z N L C I D U D I N V Z Z S H L G Q
Q G W B A E G R U N E W A L D A J J H B
K Q B R K R T H F Q I L J I M P N Z W G
Y J A A E G B M J A S P E R J O H N S S
N E L Q W L F M H Z Q G C Z L D I A E N
A B V U T E T F E H O O V E S E I V A D
B N N E P D P S I R I T G L T L M M E K
M O N D R I A N I K D N U S U A N B O D
Y O G G C M G V S H A Y N N T C I H U G
M V R A T I E L I L W E H I L R G Z G A
N X S R C R Z E E N T V S N M O U R Y S
F S O B A R G H R H C S E K G I A O I Q
O U Z D D T C Q C S E I Y N L X G G X S
Q Q B K Y I N I D O R O A A C Z Z Y Z C
T J F B M I L B H D M V D I W F R P U F
```

BLAKE	GAUGIN	MONET
BRAQUE	GOYA	PICASSO
CEZANNE	GRIS	REMBRANDT
DA VINCI	GRUNEWALD	RENOIR
DALI	JASPER JOHNS	RODIN
DAVIES	KLEE	TRUMBULL
DEGAS	LICHTENSTEIN	VAN GOGH
DELACROIX	MATISSE	VERMEER
DIEGO RIVERA	MICHELANGELO	WARHOL
EL GRECO	MONDRIAN	WHISTLER

Anatomy

```
J Q N C A L H Z Z H T R B E F A S H O A
G G U L O F T A R J N B E E Q R F Y Z W
L B S X I X F U S W R I S T M X J L H S
N M Q Q V I Z S X R N G O B O O A E O L
X X T I J E H B O W R A E L Q N U X L N
Y T E L A G K A U F K Y I L K C G T C X
Y W D F R R V U I B E E G L C N F U H X
K E O C N V T A O R H T E N K I D N E Y
I A U A E E B E L C S U M H N A R W S L
R Z F S C A L P A S T C Y G C R O L T M
I V J P K N O M V R U R E W N B Y Y A X
S W Z L S H O U L D E R A K L I V E R L
Q R F H S T D L S N T B F E M U R C M C
R H H E S E E K O A W O B T H Z S B G V
C I L A B E I B E C A F O P G H M L A P
O F I D H N X I J H B O E T I U M K I P
B I K B H K O L D I F U E N H H Z H U P
N I J R Q L B S H N Q U Y T T I K S Y A
M R C I O B O R E J A W D U O K M O L X
K Q Z O X S Q Q K Y L H O O R E N E C D
```

ANKLE	FOOT	NOSE
ARM	HAIR	PALM
BLOOD	HAND	SCALP
BONE	HEAD	SHIN
BRAIN	HEART	SHOULDER
CHEEK	HEEL	SKIN
CHEST	HIP	STOMACH
CHIN	KIDNEY	THIGH
COLON	KNEE	THROAT
EAR	LEG	THUMB
ELBOW	LIP	TOE
EYE	LIVER	TONGUE
FACE	MOUTH	TOOTH
FEMUR	MUSCLE	WRIST
FINGER	NAIL	
FLESH	NECK	

Male Movie Stars

```
R O J D M E L G I B S O N R O T P I R L
B P N F N G L E E M A R V I N C J S V M
D C A R Y G R A N T H G I O V N O J K L
J Y G J U U J P M J E H C E M A N O D G
Y S O J U N L K P F X R A M O C I H C M
C L A R K G A B L E R R O L F L Y N N P
B Y L I K J D K R X D V Q E R P T C X X
G R A E C C O D X Y B Y Y Z O A W U R J
N T N F K R A H A I N X N N C U Q S A A
P U A R W E A N N L M N B N K L A A M M
E A L W H W N G A W N M E R H H I C O E
T E D P X E C E Y D A A O R U O M K P S
E N A J Q R N Z G D A Y L T D G J U R C
R E P O O C Y R A G N H N A S A W E A A
F G S S C H E V Y C H A S E O N T R H A
O F B H R Z K W I F R A L A N A R K I N
N Y D N A C N H O J O H N C L E E S E H
D N A E D S E M A J S N O T T U B D E R
A L P A C I N O O W O O D Y A L L E N S
T G A R Y B U S E Y E N R A C T R A Q J
```

AL PACINO	GENE AUTRY	RED BUTTONS
ALAN ALDA	GENE KELLY	RIP TORN
ALAN ARKIN	HARPO MARX	ROCK HUDSON
ALAN LADD	HENRY FONDA	TOM MIX
ANDY GARCIA	JAMES CAAN	WOODY ALLEN
ART CARNEY	JAMES DEAN	YUL BRYNNER
BING CROSBY	JOHN CANDY	
CARY GRANT	JOHN CLEESE	
CHEVY CHASE	JOHN CUSACK	
CHICO MARX	JOHN WAYNE	
CLARK GABLE	JOHNNY DEPP	
DAN ACKROYD	JON VOIGHT	
DON AMECHE	LEE MARVIN	
ERROL FLYNN	MEL GIBSON	
GARY BUSEY	PAUL HOGAN	
GARY COOPER	PETER FONDA	

In the Garden

```
D D S W W S T S G Z F P W L P C Z R I H
O B H C K N Q G T R B I G R O W O I Y E
I A V F A O L V T P H W E M L S L O M R
D C A L S R A F V S R E P P E P S G U B
X Z P G P E E X U R H O E J V X V L L S
H T G V R W L C T O S N L D O V W O C R
C D R W I Y V B R T W E C W H H R U H C
G V E M N U H E A O J N P H S P C Z O K
Q T Z P K A J R R T W E A U X U J R W F
H G I Y L P Q R S I E Y Z B M X N A H L
R R L L E P A E G L I G I B C P U B G O
I E I J R B V A G L D V E L P R K B M W
A E T X L R D O Y E V R T V I B E I S E
Z N R E A Z D Q O R U Z O O P O P T N R
F T E H W C E B T N U C R U S U S R A S
Z H F H E S Q U A S H R H U G H V P H W
W U R K E U O M M T R I D R A H C R O B
S M D E D M I J O W Y Y A Y H O T T K T
S B D M S P N R T A T O B F Y S N I A R
U S J T B D O S S J L I T A Y E G M H P
```

BUGS	HOE	ROTOTILLER
COMPOST	HOSE	SCARECROW
CORN	MANURE	SEEDS
CUCUMBER	MULCH	SHOVEL
DIRT	ORCHARD	SPRINKLER
DROUGHT	PATCH	SQUASH
FERTILIZER	PEPPERS	TOMATO
FLOWERS	PLANT	TOPSOIL
GREEN THUMB	PUMPKINS	VEGETABLES
GROW	RABBIT	WATER
HARVEST	RAIN	WEEDS
HERB	ROSE	WHEELBARROW

Composers

```
B E M F T Z S I L T H K O X R M E J M X
Y U M N S O T W H A P A G A N I N I K R
B G Y H U W R C N H O S S L E D N E M I
P Z I L T P A V H K L H Z G G I O E N Z
F R R R C B V I I R O K E R R R S Z O T
H A C A H D I T D S C W B E R L I O Z N
K S N C A C N T T F J D H B F B C E G B
W Z J H I W S A Z F V C H N Y T I A G Z
N U P M K R K L Q O C Z C E R N S L D Q
W W R A O O Y R R O N E V O H T E E B H
T B X N V S O A B C X U S H S A L D W H
C M D I S S K C T R Q S E C V W O N B O
A A C N K I L S E L U L H S Y W G A I L
S H O O Y N B N N A M U H C S P R H D S
B L P V D I G E R M B Y S S U B E D R T
P E L Y S A S T L E Q M U C E F P V E G
E R A I W B S J R I H D C R Y U Y Z V B
N H N Z Z Z T T V A U I D L A V I V P H
J X D P M O Z A R T N S T X G B S V N L
R H S D A G H B N I P O H C H N Y T E Q
```

BACH	HANDEL	SCARLATTI
BARBER	HAYDN	SCHOENBERG
BEETHOVEN	HOLST	SCHUBERT
BERLIOZ	LISZT	SCHUMANN
BIZET	MAHLER	SHOSTAKOVICH
BOCCHERINI	MENDELSSOHN	SIBELIUS
BRAHMS	MOZART	STRAUSS
CHOPIN	PAGANINI	STRAVINSKY
COPLAND	PERGOLESI	TCHAIKOVSKY
DEBUSSY	PUCCINI	VERDI
DVORAK	RACHMANINOV	VIVALDI
GRIEG	ROSSINI	WAGNER

Heavens

```
V S I O O O A M S Q W G H V N C A B M S
W G U V D P D F Q X C X I N J I L Y N X
Y V P P S A H A T P S R W I N I M E G D
R C O K U Y X I R Q G S U T E C P F R O
S S H R D L P E U O H G C S P R H J O K
D A I R I S C P D C D F A O E K O C T U
R G A L E O U O S C H G L S R M E Y P S
A D R Z A S N I L A I U F S D P N G L A
C P E J S D U S R T N E S U U H I N U P
O I T H M M R S T A W D W N E P X U C M
U S A G I T T A A Q U E R R A B E S S M
Q C R T O D R C P G Y Q C O Y A C L U O
E E C Q S I P E P O E U A C M N H L N N
L S C A U E Y N E A L P T I O E U J I O
M W Z S N T B T R E T E A R C G D M H C
I Y F U A C A A S J S R M P N R B A P E
B Z X V D E E U E X I A T A U R U S L R
A O W R I S F R U E Z M I C C C F X E O
P G U O R D O U S Q G R C Z L F O U D S
J A N C E V T S C U T U M E N S A R Y L
```

ANDROMEDA	DORADO	PEGASUS
AQUARIUS	DRACO	PERSEUS
ARA	ERIDANUS	PHOENIX
ARIES	GEMINI	PISCES
AURIGA	HERCULES	SAGITTA
CAMELOPARDALIS	HYDRA	SAGITTARIUS
CANCER	LEO	SCORPIUS
CAPRICORNUS	LEPUS	SCULPTOR
CASSIOPEIA	LUPUS	SCUTUM
CENTAURUS	LYNX	SERPENS
CETUS	LYRA	TAURUS
CORVUS	MENSA	TRIANGULUM
CRATER	MONOCEROS	VIRGO
CRUX	NORMA	
CYGNUS	OPHIUCHUS	
DELPHINUS	ORION	

Around Town

```
T S F A Q C H U R C H D L H K F Q Y I H
V N I R C T Q M A V A D L L S E E S F I
E D R E G O J U X L I T A C D F R K O G
G D E T T Y N E B Y O W H R R P A D E H
D C S A E S A S E J E O Y E O H U F R W
I N T E E T W U U D O P T L D B Q J O A
R X A H R O Q M I L U N I V E R S I T Y
B A T T T R T S O Q A C C K R O A D S I
Q Z I A S E T M K F E T W Z C F T L G L
W A O P P E P O H S S R E H C T U B U H
S L N A K R D L T O J J S F A C T O R Y
B P A R S B O A R D I N G H O U S E D I
S A A T N T T U N P S U O N G U N M A Z
S M K M I I V N K O O L G S K N Z B O A
A E Q E O P O D F B M H E L I B R A R Y
C N U N R H S R S H O E S T O R E S L E
V I V T Y Y E O N F G T L K O S P S I L
P C E C F A R M H E C I F F O H B Y A L
D T Q L V T N A R U A T S E R O N B R A
I M D K V Z K T U A V O U O U P B A N K
```

ALLEY	FARM	RESTAURANT
APARTMENT	FIRE STATION	ROAD
BAKERY	HIGHWAY	SCHOOL
BANK	HOSPITAL	SHOE STORE
BOARDING HOUSE	HOTEL	SHOP
BOOKSHOP	INN	SIDEWALK
BRIDGE	LAUNDROMAT	SQUARE
BUTCHERS SHOP	LEMONADE STAND	STREET
CATHEDRAL	LIBRARY	THEATER
CHURCH	MARKET	TOY STORE
CINEMA	MUSEUM	UNIVERSITY
CITY HALL	OFFICE	
CONSULATE	PLAZA	
DRUGSTORE	POLICE STATION	
EMBASSY	PRISON	
FACTORY	RAILROAD	

Shapely

```
T W Y S O B B Y M G X D X I L F O Z O L
R X M R K H H C A R T E S I A N B H W C
Q C Q E T A N I D R O O C S P D Q M T M
K S B F O E T O G E F T U Q F I G U R E
A L R N F E M A I J X L C U K A E O F T
F A P O L Y G O N S C M R A A M Q S E K
V D Q G I Q Y B N G N G C R R E M P Q H
H P N T R A E T C O E E G E H T Z H W U
R A X J D V R C U N G N M L K E O E T O
D H P Q R I X E A R D I T I U R B R Y H
E H H U A L Q L C U N L R C D O H E P P
G F C N M G P S S T L R L T N E R A O M
R T G I U A H Y E Y A I I C X N R Y I G
E L G L R T D R R D D N N A D G R N N Q
E M D H T C S C I M C P G E L L A F T N
S G H W H E L U B L Q O G L S L U X O D
B F Y J C S S E I G N N Z U E K K Y L P
D M V T Z I E N O G A T C O B L N A P A
U Z W B K B E P P H I V E K D D B X O G
S K V G B X E C N E M M P F I Q Z E Z L
```

ANGLE	FIGURE	POLYGON
BISECT	GRAPH	PROTRACTOR
CARTESIAN	HEXAGON	RADIUS
CIRCLE	INCLINE	RECTANGLE
COORDINATE	INTERSECT	SPHERE
CURVE	LINES	SQUARE
DEGREES	OCTAGON	TANGENT
DIAMETER	PLANE	TRIANGLE
DIMENSION	PLOT	TRIGONOMETRY
EUCLID	POINT	

Boys

```
P M O Z Y I K J P D U K L N U W I Q D I
R D N T Z A C H A R Y L O N H S U Y X R
B E A X E E K U L M Y S E M A J L D Y M
T W H E B V C E E G A N O G O A K A B Q
T N T P J R I A X J F H I H N G N N X I
L J A G O N A B A O Y G P X V A O A J K
S L N A A T C N N S B A R E T N U H F V
K W O D G F S B D E I O K H S R K T J Z
H V J N T Z J I E O N V A H X O E E U F
B T R P B D S J R N N U B S B J Y L D
B C E E J K H A O H J W S R K E W I O H
N R L N D L Y C G O C A E O D R E W W M
N A Y A A U N K N T M N M N D T H E T T
C U T D V K L O W O A T F I O Y T R Z O
A H S R I D U N H D Y H A C N R T D J T
B S A O D S F T I U O O U H E V A N A C
V O M J S Q A A C B S N N O R E M A C Z
Z J U Z I V N I V E K Y S L O G A N O G
R H E W I L L I A M I C H A E L T K B A
N R L T U T E Y E H N I T S U J O H N C
```

AARON	ETHAN	KEVIN
AIDAN	EVAN	LOGAN
ALEXANDER	HUNTER	LUKE
ANDREW	ISAAC	MATTHEW
ANGEL	ISAIAH	MICHAEL
ANTHONY	JACK	NATHAN
BENJAMIN	JACOB	NICHOLAS
BRANDON	JAMES	NOAH
CALEB	JASON	ROBERT
CAMERON	JOHN	RYAN
CHRISTOPHER	JONATHAN	SAMUEL
CONNOR	JORDAN	THOMAS
DANIEL	JOSE	TYLER
DAVID	JOSEPH	WILLIAM
DYLAN	JOSHUA	ZACHARY
ELIJAH	JUSTIN	

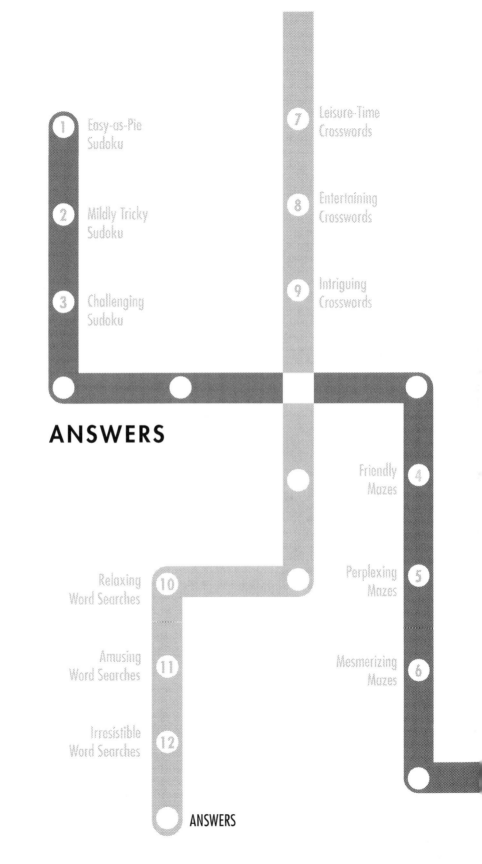

ANSWERS

ANSWERS

Chapter 1: Easy-as-Pie Sudoku

<table>
<tr><td>3</td><td>1</td><td>2</td><td>4</td><td>7</td><td>5</td><td>9</td><td>8</td><td>6</td></tr>
<tr><td>8</td><td>6</td><td>7</td><td>3</td><td>9</td><td>1</td><td>4</td><td>5</td><td>2</td></tr>
<tr><td>9</td><td>4</td><td>5</td><td>6</td><td>8</td><td>2</td><td>7</td><td>1</td><td>3</td></tr>
<tr><td>1</td><td>2</td><td>8</td><td>7</td><td>4</td><td>6</td><td>3</td><td>9</td><td>5</td></tr>
<tr><td>7</td><td>5</td><td>4</td><td>2</td><td>3</td><td>9</td><td>8</td><td>6</td><td>1</td></tr>
<tr><td>6</td><td>9</td><td>3</td><td>5</td><td>1</td><td>8</td><td>2</td><td>4</td><td>7</td></tr>
<tr><td>2</td><td>8</td><td>9</td><td>1</td><td>6</td><td>7</td><td>5</td><td>3</td><td>4</td></tr>
<tr><td>5</td><td>3</td><td>6</td><td>9</td><td>2</td><td>4</td><td>1</td><td>7</td><td>8</td></tr>
<tr><td>4</td><td>7</td><td>1</td><td>8</td><td>5</td><td>3</td><td>6</td><td>2</td><td>9</td></tr>
</table>

Easy-as-Pie Sudoku 1

<table>
<tr><td>8</td><td>9</td><td>3</td><td>2</td><td>4</td><td>6</td><td>1</td><td>7</td><td>5</td></tr>
<tr><td>7</td><td>1</td><td>4</td><td>9</td><td>3</td><td>5</td><td>2</td><td>6</td><td>8</td></tr>
<tr><td>5</td><td>2</td><td>6</td><td>8</td><td>7</td><td>1</td><td>9</td><td>3</td><td>4</td></tr>
<tr><td>4</td><td>3</td><td>7</td><td>1</td><td>8</td><td>2</td><td>6</td><td>5</td><td>9</td></tr>
<tr><td>9</td><td>8</td><td>1</td><td>6</td><td>5</td><td>7</td><td>4</td><td>2</td><td>3</td></tr>
<tr><td>2</td><td>6</td><td>5</td><td>3</td><td>9</td><td>4</td><td>8</td><td>1</td><td>7</td></tr>
<tr><td>6</td><td>5</td><td>9</td><td>4</td><td>2</td><td>3</td><td>7</td><td>8</td><td>1</td></tr>
<tr><td>1</td><td>7</td><td>8</td><td>5</td><td>6</td><td>9</td><td>3</td><td>4</td><td>2</td></tr>
<tr><td>3</td><td>4</td><td>2</td><td>7</td><td>1</td><td>8</td><td>5</td><td>9</td><td>6</td></tr>
</table>

Easy-as-Pie Sudoku 2

<table>
<tr><td>6</td><td>2</td><td>3</td><td>1</td><td>4</td><td>5</td><td>7</td><td>8</td><td>9</td></tr>
<tr><td>4</td><td>1</td><td>9</td><td>3</td><td>7</td><td>8</td><td>5</td><td>6</td><td>2</td></tr>
<tr><td>7</td><td>8</td><td>5</td><td>2</td><td>6</td><td>9</td><td>3</td><td>1</td><td>4</td></tr>
<tr><td>3</td><td>4</td><td>1</td><td>9</td><td>8</td><td>2</td><td>6</td><td>7</td><td>5</td></tr>
<tr><td>5</td><td>7</td><td>6</td><td>4</td><td>3</td><td>1</td><td>2</td><td>9</td><td>8</td></tr>
<tr><td>8</td><td>9</td><td>2</td><td>7</td><td>5</td><td>6</td><td>1</td><td>4</td><td>3</td></tr>
<tr><td>2</td><td>5</td><td>7</td><td>8</td><td>1</td><td>4</td><td>9</td><td>3</td><td>6</td></tr>
<tr><td>1</td><td>6</td><td>8</td><td>5</td><td>9</td><td>3</td><td>4</td><td>2</td><td>7</td></tr>
<tr><td>9</td><td>3</td><td>4</td><td>6</td><td>2</td><td>7</td><td>8</td><td>5</td><td>1</td></tr>
</table>

Easy-as-Pie Sudoku 3

<table>
<tr><td>5</td><td>7</td><td>6</td><td>8</td><td>4</td><td>1</td><td>9</td><td>2</td><td>3</td></tr>
<tr><td>2</td><td>8</td><td>1</td><td>9</td><td>6</td><td>3</td><td>5</td><td>4</td><td>7</td></tr>
<tr><td>4</td><td>3</td><td>9</td><td>2</td><td>5</td><td>7</td><td>6</td><td>1</td><td>8</td></tr>
<tr><td>1</td><td>2</td><td>4</td><td>5</td><td>9</td><td>8</td><td>3</td><td>7</td><td>6</td></tr>
<tr><td>3</td><td>6</td><td>8</td><td>1</td><td>7</td><td>4</td><td>2</td><td>9</td><td>5</td></tr>
<tr><td>9</td><td>5</td><td>7</td><td>3</td><td>2</td><td>6</td><td>4</td><td>8</td><td>1</td></tr>
<tr><td>6</td><td>4</td><td>5</td><td>7</td><td>8</td><td>9</td><td>1</td><td>3</td><td>2</td></tr>
<tr><td>7</td><td>9</td><td>3</td><td>6</td><td>1</td><td>2</td><td>8</td><td>5</td><td>4</td></tr>
<tr><td>8</td><td>1</td><td>2</td><td>4</td><td>3</td><td>5</td><td>7</td><td>6</td><td>9</td></tr>
</table>

Easy-as-Pie Sudoku 4

<table>
<tr><td>1</td><td>8</td><td>4</td><td>6</td><td>5</td><td>9</td><td>3</td><td>2</td><td>7</td></tr>
<tr><td>3</td><td>2</td><td>5</td><td>7</td><td>1</td><td>4</td><td>8</td><td>6</td><td>9</td></tr>
<tr><td>9</td><td>7</td><td>6</td><td>8</td><td>2</td><td>3</td><td>1</td><td>5</td><td>4</td></tr>
<tr><td>4</td><td>6</td><td>3</td><td>9</td><td>8</td><td>7</td><td>2</td><td>1</td><td>5</td></tr>
<tr><td>7</td><td>1</td><td>8</td><td>5</td><td>3</td><td>2</td><td>9</td><td>4</td><td>6</td></tr>
<tr><td>5</td><td>9</td><td>2</td><td>4</td><td>6</td><td>1</td><td>7</td><td>3</td><td>8</td></tr>
<tr><td>8</td><td>4</td><td>1</td><td>2</td><td>9</td><td>6</td><td>5</td><td>7</td><td>3</td></tr>
<tr><td>2</td><td>5</td><td>7</td><td>3</td><td>4</td><td>8</td><td>6</td><td>9</td><td>1</td></tr>
<tr><td>6</td><td>3</td><td>9</td><td>1</td><td>7</td><td>5</td><td>4</td><td>8</td><td>2</td></tr>
</table>

Easy-as-Pie Sudoku 5

<table>
<tr><td>3</td><td>4</td><td>9</td><td>5</td><td>7</td><td>6</td><td>2</td><td>8</td><td>1</td></tr>
<tr><td>7</td><td>2</td><td>1</td><td>3</td><td>4</td><td>8</td><td>6</td><td>5</td><td>9</td></tr>
<tr><td>8</td><td>5</td><td>6</td><td>2</td><td>1</td><td>9</td><td>4</td><td>7</td><td>3</td></tr>
<tr><td>6</td><td>1</td><td>5</td><td>9</td><td>3</td><td>7</td><td>8</td><td>4</td><td>2</td></tr>
<tr><td>9</td><td>8</td><td>4</td><td>1</td><td>5</td><td>2</td><td>7</td><td>3</td><td>6</td></tr>
<tr><td>2</td><td>3</td><td>7</td><td>6</td><td>8</td><td>4</td><td>9</td><td>1</td><td>5</td></tr>
<tr><td>4</td><td>9</td><td>3</td><td>8</td><td>6</td><td>1</td><td>5</td><td>2</td><td>7</td></tr>
<tr><td>5</td><td>6</td><td>8</td><td>7</td><td>2</td><td>3</td><td>1</td><td>9</td><td>4</td></tr>
<tr><td>1</td><td>7</td><td>2</td><td>4</td><td>9</td><td>5</td><td>3</td><td>6</td><td>8</td></tr>
</table>

Easy-as-Pie Sudoku 6

<table>
<tr><td>5</td><td>6</td><td>2</td><td>1</td><td>9</td><td>7</td><td>3</td><td>4</td><td>8</td></tr>
<tr><td>9</td><td>3</td><td>8</td><td>2</td><td>5</td><td>4</td><td>1</td><td>6</td><td>7</td></tr>
<tr><td>4</td><td>1</td><td>7</td><td>8</td><td>6</td><td>3</td><td>5</td><td>2</td><td>9</td></tr>
<tr><td>2</td><td>8</td><td>4</td><td>7</td><td>1</td><td>5</td><td>9</td><td>3</td><td>6</td></tr>
<tr><td>1</td><td>7</td><td>6</td><td>3</td><td>2</td><td>9</td><td>4</td><td>8</td><td>5</td></tr>
<tr><td>3</td><td>5</td><td>9</td><td>4</td><td>8</td><td>6</td><td>2</td><td>7</td><td>1</td></tr>
<tr><td>6</td><td>9</td><td>3</td><td>5</td><td>4</td><td>8</td><td>7</td><td>1</td><td>2</td></tr>
<tr><td>7</td><td>2</td><td>5</td><td>6</td><td>3</td><td>1</td><td>8</td><td>9</td><td>4</td></tr>
<tr><td>8</td><td>4</td><td>1</td><td>9</td><td>7</td><td>2</td><td>6</td><td>5</td><td>3</td></tr>
</table>

Easy-as-Pie Sudoku 7

<table>
<tr><td>5</td><td>7</td><td>2</td><td>8</td><td>9</td><td>6</td><td>1</td><td>4</td><td>3</td></tr>
<tr><td>6</td><td>9</td><td>4</td><td>7</td><td>3</td><td>1</td><td>2</td><td>8</td><td>5</td></tr>
<tr><td>3</td><td>8</td><td>1</td><td>4</td><td>5</td><td>2</td><td>6</td><td>7</td><td>9</td></tr>
<tr><td>8</td><td>2</td><td>3</td><td>9</td><td>6</td><td>7</td><td>4</td><td>5</td><td>1</td></tr>
<tr><td>9</td><td>1</td><td>6</td><td>2</td><td>4</td><td>5</td><td>8</td><td>3</td><td>7</td></tr>
<tr><td>4</td><td>5</td><td>7</td><td>1</td><td>8</td><td>3</td><td>9</td><td>6</td><td>2</td></tr>
<tr><td>1</td><td>4</td><td>8</td><td>5</td><td>7</td><td>9</td><td>3</td><td>2</td><td>6</td></tr>
<tr><td>2</td><td>3</td><td>5</td><td>6</td><td>1</td><td>8</td><td>7</td><td>9</td><td>4</td></tr>
<tr><td>7</td><td>6</td><td>9</td><td>3</td><td>2</td><td>4</td><td>5</td><td>1</td><td>8</td></tr>
</table>

Easy-as-Pie Sudoku 8

<table>
<tr><td>7</td><td>5</td><td>8</td><td>1</td><td>9</td><td>2</td><td>4</td><td>6</td><td>3</td></tr>
<tr><td>2</td><td>4</td><td>1</td><td>8</td><td>3</td><td>6</td><td>9</td><td>7</td><td>5</td></tr>
<tr><td>6</td><td>9</td><td>3</td><td>5</td><td>4</td><td>7</td><td>8</td><td>1</td><td>2</td></tr>
<tr><td>3</td><td>6</td><td>2</td><td>4</td><td>1</td><td>8</td><td>7</td><td>5</td><td>9</td></tr>
<tr><td>9</td><td>1</td><td>5</td><td>6</td><td>7</td><td>3</td><td>2</td><td>8</td><td>4</td></tr>
<tr><td>8</td><td>7</td><td>4</td><td>2</td><td>5</td><td>9</td><td>6</td><td>3</td><td>1</td></tr>
<tr><td>4</td><td>2</td><td>6</td><td>3</td><td>8</td><td>1</td><td>5</td><td>9</td><td>7</td></tr>
<tr><td>5</td><td>3</td><td>9</td><td>7</td><td>6</td><td>4</td><td>1</td><td>2</td><td>8</td></tr>
<tr><td>1</td><td>8</td><td>7</td><td>9</td><td>2</td><td>5</td><td>3</td><td>4</td><td>6</td></tr>
</table>

Easy-as-Pie Sudoku 9

Easy-as-Pie Sudoku 10

9	5	3	4	6	2	8	1	7
7	6	4	9	8	1	3	5	2
8	1	2	7	3	5	6	9	4
2	8	1	5	7	9	4	3	6
3	7	9	6	1	4	2	8	5
6	4	5	3	2	8	9	7	1
4	2	7	1	9	3	5	6	8
1	3	8	2	5	6	7	4	9
5	9	6	8	4	7	1	2	3

Easy-as-Pie Sudoku 11

1	9	2	4	3	7	6	8	5
7	5	4	9	6	8	3	2	1
3	8	6	1	5	2	7	4	9
6	7	5	8	2	9	4	1	3
9	4	8	3	7	1	5	6	2
2	3	1	5	4	6	9	7	8
8	6	7	2	9	3	1	5	4
5	1	9	7	8	4	2	3	6
4	2	3	6	1	5	8	9	7

Easy-as-Pie Sudoku 12

9	6	8	1	5	3	4	2	7
7	4	5	9	8	2	1	3	6
2	1	3	7	4	6	9	8	5
4	8	6	2	7	5	3	9	1
5	3	7	8	1	9	6	4	2
1	9	2	3	6	4	5	7	8
6	2	1	4	3	8	7	5	9
8	7	4	5	9	1	2	6	3
3	5	9	6	2	7	8	1	4

Easy-as-Pie Sudoku 13

7	2	5	1	6	9	8	4	3
9	4	3	2	8	7	5	1	6
8	1	6	3	4	5	2	9	7
1	8	2	5	3	4	7	6	9
3	5	9	6	7	8	4	2	1
4	6	7	9	2	1	3	5	8
6	3	4	8	1	2	9	7	5
2	9	8	7	5	6	1	3	4
5	7	1	4	9	3	6	8	2

Easy-as-Pie Sudoku 14

8	2	1	7	6	5	9	3	4
4	6	9	3	8	2	1	7	5
5	7	3	4	9	1	8	6	2
6	3	2	8	4	9	5	1	7
1	8	7	5	3	6	4	2	9
9	4	5	1	2	7	6	8	3
3	1	6	2	5	4	7	9	8
7	5	8	9	1	3	2	4	6
2	9	4	6	7	8	3	5	1

Easy-as-Pie Sudoku 15

3	8	4	5	2	1	6	9	7
7	5	6	8	3	9	1	2	4
1	2	9	7	4	6	3	5	8
4	7	5	9	6	2	8	1	3
2	9	3	1	7	8	5	4	6
6	1	8	3	5	4	2	7	9
5	4	2	6	9	3	7	8	1
8	3	7	4	1	5	9	6	2
9	6	1	2	8	7	4	3	5

Easy-as-Pie Sudoku 16

2	4	5	8	9	3	7	1	6
8	1	3	5	7	6	9	2	4
7	6	9	2	1	4	5	3	8
5	3	6	9	8	7	1	4	2
4	9	2	1	6	5	8	7	3
1	7	8	4	3	2	6	5	9
6	8	4	7	2	1	3	9	5
3	2	1	6	5	9	4	8	7
9	5	7	3	4	8	2	6	1

Easy-as-Pie Sudoku 17

1	6	9	8	2	4	5	3	7
3	4	5	1	7	6	8	9	2
8	2	7	9	5	3	1	6	4
2	8	3	4	9	7	6	5	1
4	9	1	5	6	2	3	7	8
5	7	6	3	1	8	2	4	9
7	3	8	6	4	1	9	2	5
9	1	4	2	3	5	7	8	6
6	5	2	7	8	9	4	1	3

Easy-as-Pie Sudoku 18

1	9	3	4	8	6	2	7	5
2	5	4	3	1	7	9	6	8
7	6	8	9	5	2	4	1	3
9	8	2	6	3	1	7	5	4
5	3	7	2	4	9	6	8	1
6	4	1	8	7	5	3	9	2
4	1	5	7	9	3	8	2	6
3	2	9	5	6	8	1	4	7
8	7	6	1	2	4	5	3	9

5	8	4	6	2	9	7	3	1
6	3	2	4	1	7	8	5	9
1	7	9	5	8	3	4	2	6
8	2	6	9	5	1	3	4	7
4	5	7	3	6	8	1	9	2
3	9	1	2	7	4	5	6	8
7	6	3	8	9	5	2	1	4
9	1	5	7	4	2	6	8	3
2	4	8	1	3	6	9	7	5

Easy-as-Pie Sudoku 19

5	1	8	4	3	2	6	9	7
6	3	2	7	8	9	5	1	4
4	7	9	1	6	5	3	2	8
1	2	5	8	4	6	9	7	3
8	4	3	2	9	7	1	5	6
7	9	6	5	1	3	4	8	2
2	5	1	3	7	4	8	6	9
9	8	4	6	2	1	7	3	5
3	6	7	9	5	8	2	4	1

Easy-as-Pie Sudoku 20

2	8	3	6	1	4	5	7	9
9	6	5	8	7	2	4	3	1
4	7	1	9	5	3	6	8	2
6	5	2	7	3	1	9	4	8
8	4	7	5	2	9	1	6	3
1	3	9	4	6	8	7	2	5
3	2	4	1	9	6	8	5	7
7	9	6	2	8	5	3	1	4
5	1	8	3	4	7	2	9	6

Easy-as-Pie Sudoku 21

8	3	9	6	2	7	1	4	5
1	5	4	3	8	9	7	2	6
6	7	2	4	5	1	8	3	9
7	2	5	1	3	4	9	6	8
3	8	1	9	6	5	2	7	4
4	9	6	8	7	2	5	1	3
5	6	3	2	1	8	4	9	7
2	4	8	7	9	6	3	5	1
9	1	7	5	4	3	6	8	2

Easy-as-Pie Sudoku 22

8	3	6	2	9	5	7	4	1
9	5	1	4	7	3	2	8	6
2	4	7	8	1	6	3	5	9
5	7	4	3	6	1	8	9	2
1	6	9	5	8	2	4	3	7
3	8	2	9	4	7	1	6	5
6	9	8	1	2	4	5	7	3
7	1	5	6	3	8	9	2	4
4	2	3	7	5	9	6	1	8

Easy-as-Pie Sudoku 23

7	6	1	4	5	2	3	8	9
4	8	5	6	3	9	2	7	1
9	3	2	1	8	7	4	5	6
5	4	3	9	7	8	1	6	2
2	1	9	3	6	5	8	4	7
8	7	6	2	1	4	5	9	3
6	5	8	7	2	3	9	1	4
3	9	7	8	4	1	6	2	5
1	2	4	5	9	6	7	3	8

Easy-as-Pie Sudoku 24

6	3	5	8	1	2	9	7	4
2	9	1	3	4	7	6	5	8
7	8	4	5	9	6	3	1	2
9	5	8	2	7	4	1	6	3
3	4	6	9	5	1	2	8	7
1	7	2	6	3	8	5	4	9
4	2	3	7	6	5	8	9	1
8	6	7	1	2	9	4	3	5
5	1	9	4	8	3	7	2	6

Easy-as-Pie Sudoku 25

Chapter 2: Mildly Tricky Sudoku

6	3	8	5	7	2	1	9	4
2	1	7	4	6	9	5	3	8
4	9	5	3	1	8	7	2	6
9	5	6	7	3	1	8	4	2
8	7	1	9	2	4	3	6	5
3	4	2	8	5	6	9	7	1
5	6	3	2	8	7	4	1	9
7	2	9	1	4	5	6	8	3
1	8	4	6	9	3	2	5	7

Mildly Tricky Sudoku 1

3	8	5	6	1	2	4	9	7
1	6	4	7	9	3	8	5	2
7	2	9	8	4	5	3	1	6
9	3	2	4	8	6	5	7	1
4	5	8	2	7	1	9	6	3
6	1	7	3	5	9	2	8	4
5	4	3	1	6	8	7	2	9
8	7	1	9	2	4	6	3	5
2	9	6	5	3	7	1	4	8

Mildly Tricky Sudoku 2

8	1	6	4	9	7	3	2	5
5	4	3	6	2	8	1	7	9
7	2	9	3	1	5	4	8	6
4	9	5	7	8	6	2	3	1
3	7	8	1	5	2	9	6	4
2	6	1	9	3	4	8	5	7
6	3	7	8	4	1	5	9	2
9	5	4	2	7	3	6	1	8
1	8	2	5	6	9	7	4	3

Mildly Tricky Sudoku 3

6	2	7	8	9	5	1	4	3
3	4	5	7	1	6	9	8	2
1	8	9	4	3	2	6	5	7
8	5	2	9	4	7	3	1	6
9	1	4	3	6	8	2	7	5
7	3	6	5	2	1	8	9	4
5	6	1	2	7	9	4	3	8
2	7	3	1	8	4	5	6	9
4	9	8	6	5	3	7	2	1

Mildly Tricky Sudoku 4

6	3	7	9	5	2	4	8	1
2	5	4	7	1	8	6	3	9
1	8	9	3	6	4	2	5	7
5	1	6	4	2	7	8	9	3
7	2	8	1	3	9	5	4	6
9	4	3	6	8	5	1	7	2
4	6	2	5	7	3	9	1	8
3	9	1	8	4	6	7	2	5
8	7	5	2	9	1	3	6	4

Mildly Tricky Sudoku 5

6	9	2	8	1	4	5	3	7
1	8	3	7	5	2	6	9	4
5	7	4	3	6	9	2	8	1
4	6	1	2	9	3	8	7	5
9	3	8	6	7	5	4	1	2
7	2	5	1	4	8	3	6	9
2	1	7	5	3	6	9	4	8
3	5	9	4	8	7	1	2	6
8	4	6	9	2	1	7	5	3

Mildly Tricky Sudoku 6

1	2	8	9	3	7	6	4	5
6	3	5	4	2	8	7	9	1
7	4	9	5	1	6	2	3	8
8	1	6	2	7	3	9	5	4
5	7	3	6	9	4	8	1	2
4	9	2	8	5	1	3	6	7
9	5	7	1	6	2	4	8	3
2	8	1	3	4	9	5	7	6
3	6	4	7	8	5	1	2	9

Mildly Tricky Sudoku 7

5	2	7	8	9	1	6	3	4
8	3	6	4	2	7	9	5	1
4	1	9	6	3	5	7	8	2
6	8	4	5	7	9	1	2	3
3	9	2	1	4	8	5	6	7
7	5	1	2	6	3	8	4	9
1	4	3	7	8	6	2	9	5
2	7	8	9	5	4	3	1	6
9	6	5	3	1	2	4	7	8

Mildly Tricky Sudoku 8

6	7	4	1	5	3	2	9	8
9	2	5	4	8	7	1	6	3
8	1	3	6	2	9	7	4	5
7	8	2	5	9	1	6	3	4
3	4	1	7	6	8	9	5	2
5	9	6	3	4	2	8	7	1
4	6	7	2	1	5	3	8	9
2	5	9	8	3	6	4	1	7
1	3	8	9	7	4	5	2	6

Mildly Tricky Sudoku 9

Mildly Tricky Sudoku 10

5	9	8	4	7	2	6	3	1
2	3	7	1	6	5	4	9	8
1	6	4	9	3	8	7	5	2
7	5	9	6	1	4	2	8	3
6	8	1	2	5	3	9	4	7
3	4	2	8	9	7	5	1	6
8	1	6	7	4	9	3	2	5
4	2	5	3	8	6	1	7	9
9	7	3	5	2	1	8	6	4

Mildly Tricky Sudoku 11

7	4	1	6	2	8	3	9	5
2	5	3	1	7	9	4	6	8
9	6	8	3	4	5	2	1	7
4	3	6	8	9	1	5	7	2
8	2	7	5	6	4	9	3	1
1	9	5	2	3	7	6	8	4
5	8	4	9	1	3	7	2	6
3	7	2	4	8	6	1	5	9
6	1	9	7	5	2	8	4	3

Mildly Tricky Sudoku 12

3	7	2	4	8	5	6	9	1
4	8	1	3	9	6	2	5	7
5	6	9	7	1	2	8	3	4
9	1	3	8	7	4	5	6	2
7	5	8	6	2	9	1	4	3
2	4	6	5	3	1	7	8	9
6	2	5	1	4	3	9	7	8
1	3	7	9	5	8	4	2	6
8	9	4	2	6	7	3	1	5

Mildly Tricky Sudoku 13

8	3	1	7	2	9	5	6	4
2	5	7	8	6	4	9	3	1
9	6	4	1	3	5	7	2	8
6	8	3	9	4	7	1	5	2
4	2	5	6	8	1	3	7	9
7	1	9	3	5	2	4	8	6
5	4	8	2	9	3	6	1	7
3	7	2	4	1	6	8	9	5
1	9	6	5	7	8	2	4	3

Mildly Tricky Sudoku 14

3	9	6	8	1	5	7	2	4
4	2	8	3	6	7	9	1	5
7	1	5	4	9	2	8	6	3
6	8	3	1	4	9	2	5	7
9	4	2	5	7	8	6	3	1
5	7	1	2	3	6	4	8	9
8	5	9	7	2	1	3	4	6
2	6	4	9	5	3	1	7	8
1	3	7	6	8	4	5	9	2

Mildly Tricky Sudoku 15

1	5	8	6	3	2	7	4	9
2	6	7	9	4	8	1	3	5
4	3	9	7	5	1	2	6	8
5	7	6	3	8	9	4	1	2
9	4	3	2	1	7	5	8	6
8	1	2	5	6	4	3	9	7
6	9	5	4	7	3	8	2	1
7	8	4	1	2	6	9	5	3
3	2	1	8	9	5	6	7	4

Mildly Tricky Sudoku 16

2	9	8	1	7	4	3	6	5
3	7	6	8	9	5	4	1	2
5	1	4	2	3	6	9	8	7
8	5	7	3	6	1	2	4	9
4	2	3	9	5	8	6	7	1
9	6	1	7	4	2	5	3	8
6	8	9	5	1	3	7	2	4
7	4	2	6	8	9	1	5	3
1	3	5	4	2	7	8	9	6

Mildly Tricky Sudoku 17

7	9	3	2	6	8	4	5	1
4	6	2	5	1	3	8	9	7
1	8	5	9	4	7	6	3	2
2	4	8	3	7	6	5	1	9
3	5	1	8	9	4	7	2	6
6	7	9	1	5	2	3	8	4
9	3	7	6	8	1	2	4	5
5	2	6	4	3	9	1	7	8
8	1	4	7	2	5	9	6	3

Mildly Tricky Sudoku 18

8	1	5	3	7	9	6	2	4
2	6	3	5	4	1	7	8	9
4	7	9	2	8	6	3	5	1
7	5	4	8	9	2	1	3	6
6	9	2	1	5	3	8	4	7
1	3	8	4	6	7	5	9	2
5	2	7	9	1	8	4	6	3
3	4	6	7	2	5	9	1	8
9	8	1	6	3	4	2	7	5

8	1	2	4	6	3	5	7	9
5	4	9	7	2	8	6	1	3
6	7	3	9	1	5	8	2	4
2	3	1	5	8	6	4	9	7
7	9	8	3	4	2	1	5	6
4	5	6	1	7	9	2	3	8
3	2	4	8	9	1	7	6	5
9	6	7	2	5	4	3	8	1
1	8	5	6	3	7	9	4	2

3	8	7	2	9	4	1	5	6
5	2	9	1	8	6	4	7	3
1	4	6	7	3	5	8	2	9
8	7	1	4	6	9	2	3	5
4	6	5	8	2	3	9	1	7
9	3	2	5	1	7	6	8	4
2	5	4	6	7	8	3	9	1
7	9	8	3	4	1	5	6	2
6	1	3	9	5	2	7	4	8

Mildly Tricky Sudoku 19

Mildly Tricky Sudoku 20

Chapter 3: Challenging Sudoku

3	5	2	6	4	7	9	8	1
1	6	7	9	8	5	2	3	4
4	9	8	3	2	1	7	6	5
7	3	1	8	6	4	5	2	9
6	2	9	5	1	3	8	4	7
5	8	4	7	9	2	6	1	3
8	1	6	4	7	9	3	5	2
2	7	3	1	5	6	4	9	8
9	4	5	2	3	8	1	7	6

6	2	3	8	9	5	7	4	1
4	1	8	6	2	7	3	9	5
9	5	7	3	4	1	6	8	2
5	9	4	2	6	8	1	3	7
1	3	2	5	7	9	8	6	4
8	7	6	1	3	4	5	2	9
2	4	5	7	8	6	9	1	3
7	6	9	4	1	3	2	5	8
3	8	1	9	5	2	4	7	6

1	3	8	4	5	6	2	7	9
6	7	2	3	9	8	5	4	1
5	4	9	1	7	2	6	3	8
2	5	7	6	8	3	9	1	4
4	9	6	7	1	5	8	2	3
3	8	1	2	4	9	7	6	5
9	1	4	5	6	7	3	8	2
8	6	3	9	2	1	4	5	7
7	2	5	8	3	4	1	9	6

Challenging Sudoku 1

Challenging Sudoku 2

Challenging Sudoku 3

5	4	6	3	7	1	9	2	8
9	8	1	6	4	2	5	7	3
3	2	7	5	8	9	4	6	1
2	3	9	4	1	6	7	8	5
1	5	4	8	9	7	2	3	6
7	6	8	2	3	5	1	9	4
4	7	3	1	2	8	6	5	9
8	9	5	7	6	4	3	1	2
6	1	2	9	5	3	8	4	7

2	4	6	8	7	5	3	1	9
7	5	1	6	9	3	2	4	8
9	3	8	2	4	1	5	6	7
3	9	4	5	2	7	6	8	1
1	7	5	4	8	6	9	2	3
8	6	2	1	3	9	4	7	5
4	2	9	3	1	8	7	5	6
5	1	7	9	6	2	8	3	4
6	8	3	7	5	4	1	9	2

8	1	5	6	3	4	9	7	2
2	9	6	8	7	1	4	3	5
7	4	3	5	9	2	8	1	6
5	6	7	3	8	9	1	2	4
1	3	2	7	4	5	6	8	9
4	8	9	1	2	6	3	5	7
3	2	8	9	6	7	5	4	1
9	7	1	4	5	3	2	6	8
6	5	4	2	1	8	7	9	3

Challenging Sudoku 4

Challenging Sudoku 5

Challenging Sudoku 6

Challenging Sudoku 7

```
6 7 1 2 5 3 4 9 8
2 9 8 6 7 4 5 3 1
4 3 5 8 9 1 2 7 6
9 4 7 5 3 8 6 1 2
3 5 2 4 1 6 9 8 7
8 1 6 9 2 7 3 5 4
7 8 4 3 6 9 1 2 5
1 2 9 7 4 5 8 6 3
5 6 3 1 8 2 7 4 9
```

Challenging Sudoku 8

```
2 6 5 1 3 8 9 4 7
1 4 7 9 2 5 8 3 6
3 9 8 6 4 7 5 2 1
8 5 3 2 9 1 7 6 4
9 1 6 7 8 4 3 5 2
7 2 4 5 6 3 1 8 9
5 3 2 4 1 9 6 7 8
6 7 1 8 5 2 4 9 3
4 8 9 3 7 6 2 1 5
```

Challenging Sudoku 9

```
6 4 8 1 3 9 5 7 2
7 3 1 8 5 2 6 9 4
5 2 9 4 6 7 1 3 8
2 9 4 6 8 3 7 1 5
3 5 7 9 2 1 8 4 6
8 1 6 5 7 4 9 2 3
9 8 3 2 1 5 4 6 7
1 6 2 7 4 8 3 5 9
4 7 5 3 9 6 2 8 1
```

Challenging Sudoku 10

```
6 8 5 7 1 3 2 9 4
2 3 7 4 9 6 1 8 5
4 9 1 5 2 8 7 3 6
3 5 2 6 8 7 9 4 1
8 1 6 2 4 9 3 5 7
9 7 4 3 5 1 6 2 8
5 6 3 9 7 4 8 1 2
7 2 8 1 3 5 4 6 9
1 4 9 8 6 2 5 7 3
```

Challenging Sudoku 11

```
9 1 6 3 8 4 5 7 2
4 8 3 7 5 2 6 1 9
2 7 5 1 6 9 8 3 4
6 5 7 2 4 8 3 9 1
1 4 9 6 3 5 7 2 8
8 3 2 9 1 7 4 6 5
7 2 8 4 9 3 1 5 6
5 9 1 8 7 6 2 4 3
3 6 4 5 2 1 9 8 7
```

Challenging Sudoku 12

```
7 8 4 6 9 3 5 2 1
6 3 9 5 2 1 7 8 4
5 2 1 8 4 7 3 9 6
9 6 3 2 7 8 1 4 5
1 4 7 3 5 9 8 6 2
8 5 2 1 6 4 9 7 3
2 1 6 9 8 5 4 3 7
3 7 8 4 1 2 6 5 9
4 9 5 7 3 6 2 1 8
```

Challenging Sudoku 13

```
1 8 6 7 9 4 2 5 3
7 5 2 8 1 3 9 6 4
4 3 9 2 6 5 7 8 1
8 2 3 5 4 9 1 7 6
6 7 5 3 2 1 8 4 9
9 1 4 6 7 8 3 2 5
5 9 1 4 8 2 6 3 7
3 6 8 1 5 7 4 9 2
2 4 7 9 3 6 5 1 8
```

Challenging Sudoku 14

```
4 9 3 8 2 7 1 6 5
5 2 6 1 4 9 3 7 8
7 8 1 5 3 6 9 4 2
2 1 4 3 5 8 6 9 7
8 5 9 6 7 4 2 1 3
3 6 7 9 1 2 5 8 4
1 4 2 7 9 5 8 3 6
6 3 5 4 8 1 7 2 9
9 7 8 2 6 3 4 5 1
```

Challenging Sudoku 15

```
5 4 6 7 8 2 3 1 9
8 2 9 3 6 1 4 5 7
1 3 7 5 4 9 2 6 8
7 1 5 9 2 6 8 3 4
3 6 8 4 5 7 9 2 1
4 9 2 8 1 3 6 7 5
6 5 3 1 9 4 7 8 2
2 8 4 6 7 5 1 9 3
9 7 1 2 3 8 5 4 6
```

```
Challenging Sudoku 16
8 6 2 4 5 9 3 1 7
7 5 1 3 2 6 9 4 8
4 9 3 7 8 1 2 6 5
2 1 5 9 4 8 6 7 3
9 8 6 1 7 3 5 2 4
3 7 4 2 6 5 8 9 1
5 4 8 6 9 7 1 3 2
6 3 7 8 1 2 4 5 9
1 2 9 5 3 4 7 8 6
```

Challenging Sudoku 16

```
Challenging Sudoku 17
9 5 4 7 6 2 3 1 8
1 2 7 8 4 3 9 6 5
6 8 3 9 1 5 4 7 2
2 4 9 1 5 8 7 3 6
8 7 5 4 3 6 1 2 9
3 1 6 2 9 7 8 5 4
5 9 1 6 7 4 2 8 3
4 3 8 5 2 1 6 9 7
7 6 2 3 8 9 5 4 1
```

Challenging Sudoku 17

```
Challenging Sudoku 18
6 4 9 8 1 5 3 2 7
7 8 3 2 4 9 6 5 1
5 1 2 6 3 7 9 4 8
2 9 7 5 6 1 4 8 3
8 3 1 9 7 4 5 6 2
4 5 6 3 8 2 7 1 9
1 6 4 7 9 8 2 3 5
9 2 8 4 5 3 1 7 6
3 7 5 1 2 6 8 9 4
```

Challenging Sudoku 18

```
Challenging Sudoku 19
2 5 7 9 8 4 3 1 6
8 1 4 6 5 3 9 2 7
6 3 9 1 2 7 4 8 5
5 4 1 2 7 9 6 3 8
7 2 8 3 1 6 5 4 9
3 9 6 5 4 8 2 7 1
4 6 3 8 9 1 7 5 2
9 8 5 7 3 2 1 6 4
1 7 2 4 6 5 8 9 3
```

Challenging Sudoku 19

```
Challenging Sudoku 20
7 3 2 1 5 4 9 8 6
5 8 6 3 9 7 2 1 4
4 1 9 2 8 6 5 3 7
8 2 7 4 1 9 3 6 5
9 6 1 5 3 2 7 4 8
3 5 4 7 6 8 1 9 2
2 9 8 6 7 1 4 5 3
6 4 5 9 2 3 8 7 1
1 7 3 8 4 5 6 2 9
```

Challenging Sudoku 20

Chapter 4: Friendly Mazes

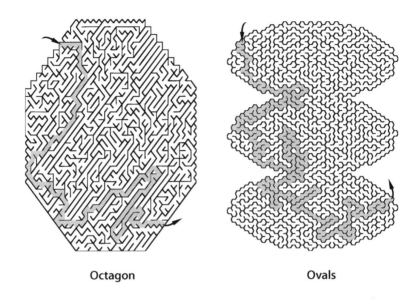

Octagon

Ovals

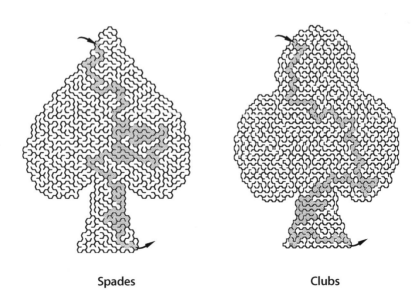

Spades

Clubs

Diamonds

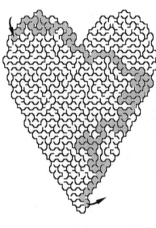

Hearts

Ace

Block

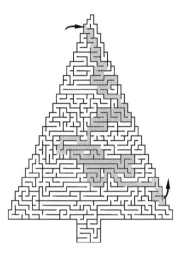

Pine Tree

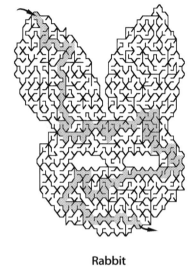

Rabbit

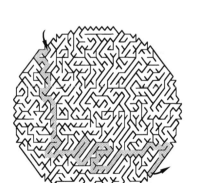

Dot

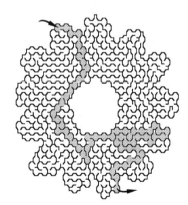

Flower Power

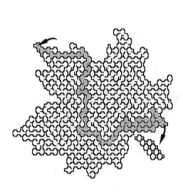

Leafy

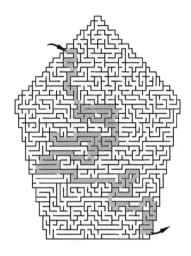

Pentagon

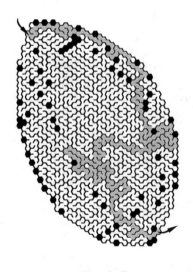

Football

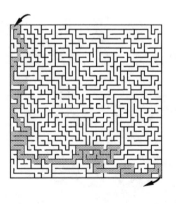

Box

Circle

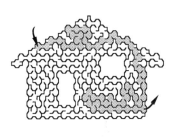

Home Sweet Home

Inside Out

Racetrack

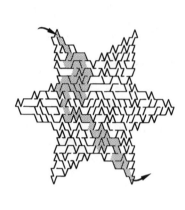

Starry

Break Out

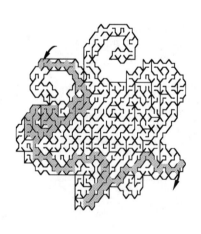

Butterfly

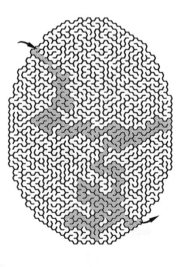

Good Egg

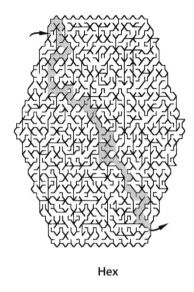

Hex

Chapter 5: Perplexing Mazes

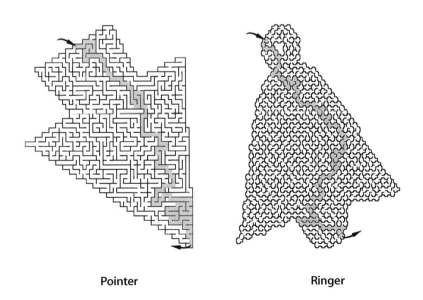

Pointer

Ringer

Jack-O'-Lantern

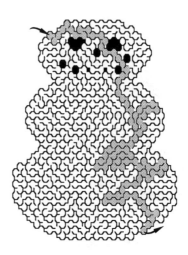

Snowman

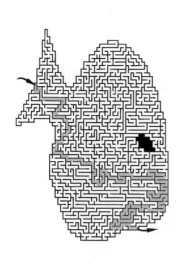

Something's Fishy

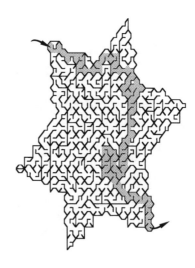

Star

Stop Sign

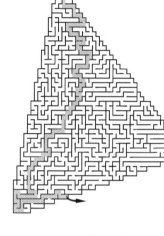

Triangle

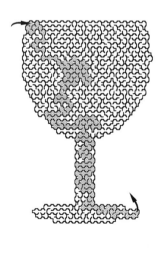

Vino

Wheel

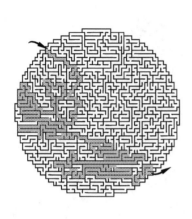

Ball

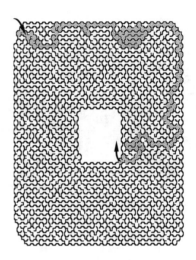

Break In

Gear

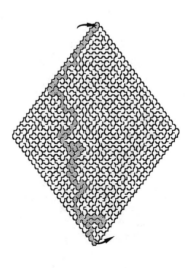

Jewel

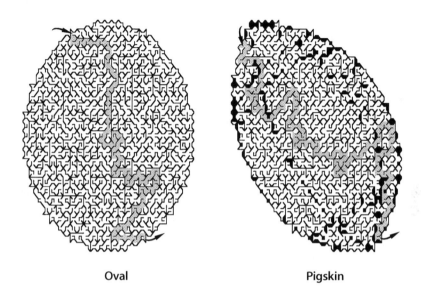

Oval

Pigskin

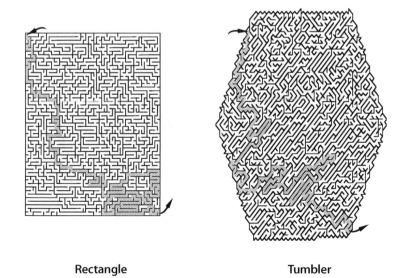

Rectangle

Tumbler

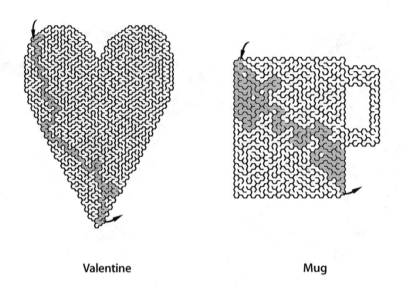

Valentine

Mug

Chapter 6: Mesmerizing Mazes

Shamrock

Three Scoops

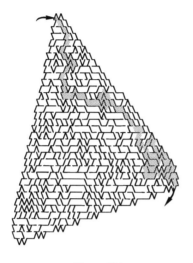

Three Sides

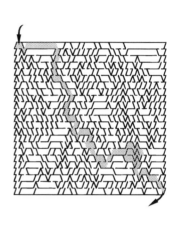

Four Sides

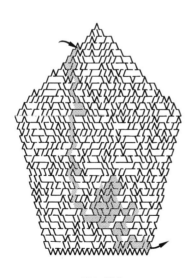

Five Sides

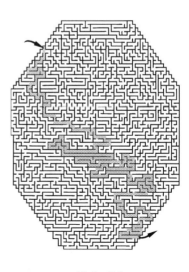

Eight Sides

Six Points

Speedway

Smiley

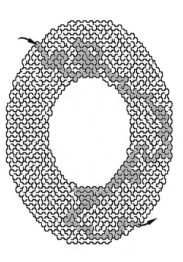

Round and Round

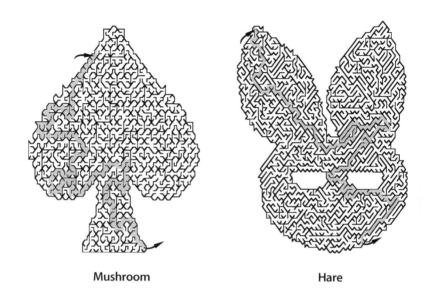

Mushroom

Hare

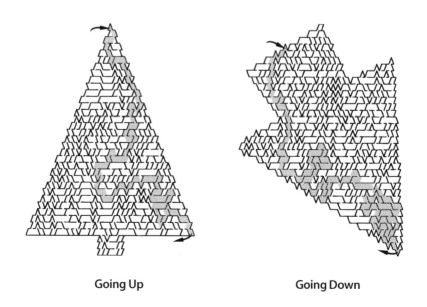

Going Up

Going Down

Flutter

Fish

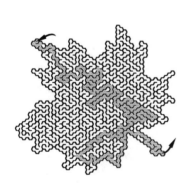

Fall

Concentric

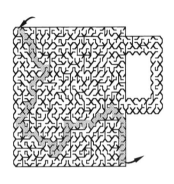

Cheers

Time to Stop

Chapter 7: Leisure-Time Crosswords

D	A	W	N	■	C	O	M	P	■	■	■	S	O	D
A	C	H	E	■	A	L	A	R	M	■	C	O	M	E
F	R	O	G	■	R	E	P	A	Y	■	A	L	E	C
T	E	A	R	S	■	■	S	I	T	■	M	O	N	K
■	■	■	O	U	C	H	■	S	H	O	E	■	■	■
A	I	M	■	C	H	U	T	E	■	D	R	A	M	A
B	R	A	■	H	I	G	H	■	R	E	A	S	O	N
B	A	L	M	■	N	O	I	S	E	■	S	I	N	K
O	T	T	A	W	A	■	N	U	T	S	■	D	E	L
T	E	A	C	H	■	S	K	I	R	T	■	E	Y	E
■	■	■	H	Y	M	N	■	T	O	O	K	■	■	■
S	E	M	I	■	E	A	T	■	■	P	A	N	E	L
O	X	E	N	■	S	K	U	N	K	■	R	O	M	E
F	I	R	E	■	S	E	N	S	E	■	M	E	M	O
A	T	E	■	■	■	S	E	A	N	■	A	L	A	N

Leisure-Time Crossword 1

S	T	R	I	P	■	S	W	A	P	■	E	G	G	S
H	E	I	D	I	■	H	E	I	R	■	F	I	L	E
A	C	C	E	P	T	A	B	L	E	■	F	R	E	E
W	H	E	N	■	O	R	B	■	S	T	O	L	E	N
■	■	■	T	A	N	K	■	N	E	A	R	■	■	■
O	B	L	I	G	E	■	C	O	N	S	T	A	N	T
W	R	O	T	E	■	C	H	I	C	K	■	M	O	I
N	A	V	Y	■	P	R	O	S	E	■	D	O	O	M
E	V	E	■	F	A	I	R	Y	■	R	I	N	S	E
R	E	S	T	O	R	E	D	■	L	A	R	G	E	R
■	■	■	R	O	A	D	■	S	I	T	E	■	■	■
T	H	R	I	L	L	■	S	P	A	■	C	R	A	B
R	E	E	F	■	L	I	T	E	R	A	T	U	R	E
O	R	A	L	■	E	R	I	C	■	B	O	L	T	S
Y	O	R	E	■	L	A	R	K	■	C	R	E	S	T

Leisure-Time Crossword 2

S	T	R	I	P	■	A	D	D	■	■	S	C	A	N
E	R	I	C	A	■	B	E	E	S	■	T	A	L	E
C	I	D	E	R	■	O	N	L	Y	■	I	D	L	E
T	O	E	■	E	N	V	Y	■	S	P	R	E	A	D
■	■	■	K	N	E	E	■	A	T	E	■	T	H	Y
■	B	R	E	T	T	■	S	W	E	A	R	■	■	■
B	O	A	T	S	■	S	H	A	M	■	A	W	A	Y
U	N	I	T	■	S	T	A	R	S	■	T	R	U	E
T	E	L	L	■	T	A	K	E	■	C	H	A	N	T
■	■	■	E	A	R	L	Y	■	S	L	E	P	T	■
B	U	S	■	L	E	E	■	P	O	O	R	■	■	■
U	N	A	B	L	E	■	H	A	L	T	■	R	U	B
R	I	T	A	■	T	H	O	R	■	H	O	U	S	E
S	T	A	R	■	S	A	L	T	■	E	N	D	E	D
T	E	N	S	■	■	H	E	Y	■	S	E	E	D	S

Leisure-Time Crossword 3

S	K	A	T	E	■	A	R	A	B	■	C	O	S	T
L	Y	D	I	A	■	T	U	N	A	■	O	T	T	O
O	L	D	E	R	■	T	E	A	R	■	T	H	E	M
W	E	S	■	T	W	O	■	■	E	S	T	E	E	M
■	■	■	W	H	E	R	E	■	■	L	A	R	R	Y
W	I	F	E	■	A	N	N	■	G	A	G	■	■	■
A	R	R	E	S	T	E	D	■	E	V	E	N	T	S
D	O	E	■	T	H	Y	■	F	O	E	■	I	R	A
E	N	D	U	R	E	■	P	E	R	S	O	N	A	L
■	■	■	N	O	R	■	R	A	G	■	W	E	P	T
M	I	L	A	N	■	■	O	R	I	O	N	■	■	■
E	N	E	R	G	Y	■	■	L	A	P	■	M	R	S
A	D	A	M	■	E	L	S	E	■	E	M	A	I	L
T	I	R	E	■	L	I	E	S	■	R	A	I	S	E
S	A	N	D	■	L	E	T	S	■	A	D	D	E	D

Leisure-Time Crossword 4

S	Y	R	U	P	■	O	A	T	H	■	C	H	A	T
T	E	A	S	E	■	F	L	E	A	■	H	A	L	O
E	A	T	E	N	■	T	R	A	Y	■	A	S	I	A
M	R	S	■	C	H	E	E	R	■	N	O	T	E	D
■	■	■	D	I	A	N	A	■	R	I	S	E	N	■
S	H	I	E	L	D	■	D	R	U	G	■	■	■	■
P	A	C	E	■	■	■	Y	A	L	E	■	J	I	M
A	V	E	R	A	G	E	■	W	E	L	F	A	R	E
T	E	D	■	B	O	A	T	■	■	■	O	D	O	R
■	■	■	■	B	O	T	H	■	S	E	R	E	N	E
■	L	I	K	E	D	■	E	R	A	S	E	■	■	■
F	A	N	N	Y	■	F	A	I	N	T	■	B	A	R
A	U	T	O	■	C	A	T	S	■	A	S	I	D	E
D	R	E	W	■	A	C	R	E	■	T	O	T	A	L
E	A	R	S	■	B	E	E	S	■	E	N	E	M	Y

Leisure-Time Crossword 5

S	A	C	K	■	■	M	E	T	■	C	O	S	T	S
C	L	A	N	■	B	E	A	R	■	O	N	I	O	N
R	O	B	E	■	E	L	S	E	■	N	E	G	R	O
U	N	L	E	S	S	■	T	E	S	T	■	N	E	W
B	E	E	■	A	I	D	■	S	U	R	F	■	■	■
■	■	■	A	D	D	E	D	■	B	O	R	E	D	■
A	C	T	S	■	E	A	R	L	■	L	I	V	E	S
C	O	O	L	■	S	T	E	E	R	■	D	E	E	P
T	O	W	E	R	■	H	A	V	E	■	A	N	D	Y
■	K	N	E	E	S	■	D	E	L	A	Y	■	■	■
■	■	■	P	L	A	N	■	L	A	S	■	T	I	S
L	E	O	■	E	Y	E	S	■	T	H	I	R	S	T
E	X	T	R	A	■	R	O	D	E	■	N	O	S	E
S	I	T	E	S	■	V	O	I	D	■	T	O	U	R
S	T	O	V	E	■	E	N	D	■	■	O	P	E	N

Leisure-Time Crossword 6

A	I	D	S	■	R	A	F	T	■	S	C	A	R	F
B	R	A	T	■	U	S	E	R	■	E	L	L	I	E
L	I	N	E	■	D	A	L	E	■	T	E	A	S	E
E	S	C	A	P	E	■	L	A	B	■	A	S	K	S
■	H	E	L	L	■	P	A	T	R	O	N	■	■	■
■	■	■	■	O	I	L	■	Y	O	U	■	U	S	E
■	B	O	T	T	L	E	S	■	T	R	I	P	L	E
J	U	N	E	■	L	A	U	G	H	■	C	O	I	L
E	S	T	A	T	E	■	P	R	E	S	E	N	T	■
W	H	O	■	E	G	G	■	A	R	E	■	■	■	■
■	■	■	N	E	A	R	L	Y	■	N	E	S	S	■
B	A	B	E	■	L	E	E	■	S	T	A	T	E	S
A	C	R	E	S	■	T	A	K	E	■	R	A	V	E
S	H	A	D	E	■	E	V	E	N	■	T	R	E	E
S	E	N	S	E	■	L	E	N	D	■	H	E	R	S

Leisure-Time Crossword 7

E	G	G	S	■	A	L	M	A	■	S	M	A	S	H
S	U	R	E	■	P	O	E	T	■	C	O	M	M	A
T	R	A	N	S	P	O	R	T	■	R	O	B	E	S
A	U	N	T	I	E	■	V	I	N	O	■	A	L	T
■	■	■	■	D	A	R	■	C	E	L	E	S	T	E
■	C	A	T	E	R	E	R	■	P	L	U	S	■	■
V	I	B	E	■	■	L	A	R	A	■	R	A	M	A
C	A	S	S	■	V	I	T	A	L	■	O	D	O	R
R	O	O	T	■	I	C	E	D	■	■	P	O	S	T
■	■	L	E	A	D	■	S	I	S	T	E	R	S	■
S	H	U	D	D	E	R	■	O	O	H	■	■	■	■
H	A	T	■	H	O	U	R	■	V	I	R	T	U	E
O	B	E	S	E	■	L	O	U	I	S	I	A	N	A
P	I	L	A	R	■	E	A	S	E	■	B	I	T	S
S	T	Y	L	E	■	D	R	A	T	■	S	L	O	T

Leisure-Time Crossword 8

A	B	L	E	■	S	T	U	N	T	■	U	N	D	O
N	E	A	L	■	T	E	N	O	R	■	N	E	I	L
T	E	S	S	■	R	A	I	N	Y	■	D	E	E	D
I	N	T	E	R	E	S	T	S	■	L	E	D	G	E
■	■	■	■	U	S	E	■	E	M	E	R	S	O	N
H	A	R	A	S	S	■	K	N	O	T	S	■	■	■
E	L	O	P	E	■	■	E	S	P	■	T	W	O	S
R	O	M	P	■	T	H	R	E	E	■	A	I	D	E
B	E	E	R	■	O	A	R	■	■	I	N	D	I	A
■	■	■	E	B	O	N	Y	■	R	O	D	E	N	T
D	E	S	C	E	N	D	■	C	A	T	■	■	■	■
R	A	P	I	D	■	S	A	R	C	A	S	T	I	C
A	R	E	A	■	T	O	R	A	H	■	O	U	T	A
F	L	A	T	■	A	M	A	Z	E	■	O	N	E	S
T	Y	K	E	■	R	E	B	E	L	■	N	A	M	E

Leisure-Time Crossword 9

Leisure-Time Crossword 10

```
CUPID  HEAD   HEH
ATONE  ALLY   HAVE
RANKS  IDLE   EVER
SHY    POLE   TREND
       PAD    RADIANT
FLORIDA       FUEL
LOWER  SIRE   DRAW
INN    APRIL  ALE
PEST   DISC   CHIPS
       ROAR   AGAINST
ALARMED       APT
PRICE  ROSA   BEN
LIVE   FLAW   BRIDE
USES   LAKE   LARGE
MED    USED   ENDED
```

Chapter 8: Intriguing Crosswords

Intriguing Crossword 1

Intriguing Crossword 2

Intriguing Crossword 3

Intriguing Crossword 4

Intriguing Crossword 5

Intriguing Crossword 6

Intriguing Crossword 7

Intriguing Crossword 8

Intriguing Crossword 9

Intriguing Crossword 10

Chapter 9: Entertaining Crosswords

Entertaining Crossword 1

Entertaining Crossword 2

Entertaining Crossword 3

Entertaining Crossword 4

Entertaining Crossword 5

Entertaining Crossword 6

Entertaining Crossword 7

Entertaining Crossword 8

Entertaining Crossword 9

Entertaining Crossword 10

Chapter 10: Relaxing Word Searches

```
P H H L H U J R R M Y T Z D P Q H H C O
P N S M V C C B M V E X W E G R E T U X
F J T J B N N P Z R U S W A L L O W D S
U O B O B W H T E D K O V R O D N O C
Y B Y N K G H N F N M O R D O B I O V M
A T E K F Z U F O N T U R O O R L R E R
Y W K L I O M L L U D F A A T O B E O Y
Q G R O A C M P L R K K P O L S T H R K
I Z U E G G I J I D E S X S L N K P A
S M T M E C N B L A N K R J N T A G E P
W C F A G A G E O T E C N B O R M L W
A K R S D N B R T R V T K E Y X O I F
N A X J I A I L C H O E N C P E M L C Q
X O Z K R R R C A R G B B I I D R B A H
G O C S T Y D R R C J U I U H O P N B
J O A L R F X A D I K Z N Z R G C O S E
M K O K A X P N I K G B Z P Z D N Q W O
W C C S P F B E N J C H I C K A D E E Z
Q U J K E O O T A K C O C R O W R D P F
D C L J P T C Y L G X Q V P D K N D V C
```

For the Birds

```
Q K P U A C H E R N A N D E Z B V T V G
J O H N S O N O S R E D N A S C I D I S
O C T X F A D A M S T S U P M B E H K W
N A R G F R N Z M R C L I A A W Z U N F
E M E T H W I I O L L D K I N G Y W Z
S P M G N Z V B T B L Z E L L C A Z W Q
Y B U E O E R T C I I R S G L O R M R G
E E E S S N P K H N H O R F I Z M A I T
Z L E Y K I Z P E S N E L T W C A K G B
Z L G Z C T C A L O E P O W R L R S H N
K E I L A R A U L N O S P M O H T I T H
I W R J J A E Y S E N A E N R R I R C H
N I G E U M L L E Z H Z L E I N R Q H
I S G N P E I A L O T U E B T L X A T S
L O I M K R A L C R R O S R Z S H U E
A K S S I V A D M D M R H E A N W O R B
J P T R N K A S N J A K X C M M O N Z
G X T M R O M J J Y L R E G N U O Y E A
X F I K G J R E K L A W K J D M A H R W
Q X A O E Q F V M P J R O L J E R D T Z
```

Family Names

```
K N D S D Q Z R H D M O K V W B L P G M
R E J Y Z Y P I M S Y Y R S Z T W C N E
X W M A Y F C E A U T S I H W D W M S
C M Q E D B V R L Q Y S G E S I I O O I
I A U J I W H I G B U K A B C P M N V J
V R O F X C T H X R B R A R X B P Z X Q
A K J K U W Q S U G T L I S B O E H P W
S E V E N C A R D S T U D T K Z D K U N
K T H R K U C R I B B A G E Z P D R I S
F U G I N Z B T D J Y S R I F N U Q J D
M B S A Z X W A I D Y Z V G D P R D R R
X L W T Y W G R Y F R E E C E L L E U N
U K C I H B L A C K J A C K U D D M G P
R I L L H F P C A B R M C O R I M O F I
Q X K O K O X C N Y R Z I F G X R F W Y H
F W I S N D Z A A V O I D S V L F A R O
Y U H T S D A B S M L D O L E I F N A C
W O O N P X Y U T X O I F G X R F W Y H
D O A N O R T K A G S P A D E S E R J L
N P A T I E N C E P S R R K X E C A J E
```

Card Games

```
F H S Z P I E W A D C W N H E S N M F A
N O L A A W P B G D F H Z Y Y M P Y T J
K P H J Z E P I E N W P E C O O L R I L
A T X E Q Q N R U B K A R P G E E P B
N N U U U K G O L G C M I L R N E P S A
B Y N A G O H A M U O A A I U Y P I B W
X I Z O U T I V B R T R L E M O N N T Z
G P S P W R L T E D T N A Y N A B U M F
Q U S A N D A L W O O D L N P X N J N Z
S L H A S L A B S C N R D P G T T A N Y
X E D Q Q S T M V P W R E Z S E U E Z P
L R Q O T M A P L E O H R E C A N S A M
R U D U O U C F N H O M H T T S O U N K
E A D O O W N O R I D C U V M H C X T Q
P L N E O I D L M A G N O L I A O C X E
A G O U N W A E A D S Z A C B H C R I B
L C M P F I G P R W R P K S S E R P Y C
V L L M E X P O L A U O A K S P R U C E
C Q A N F L R J D T R K G E J W T R G X
E W P E E F Y O F Y R H Z W B V G S Y G
```

Arboretum

Medical Words

Cash

Music Makers

Tied in Knots

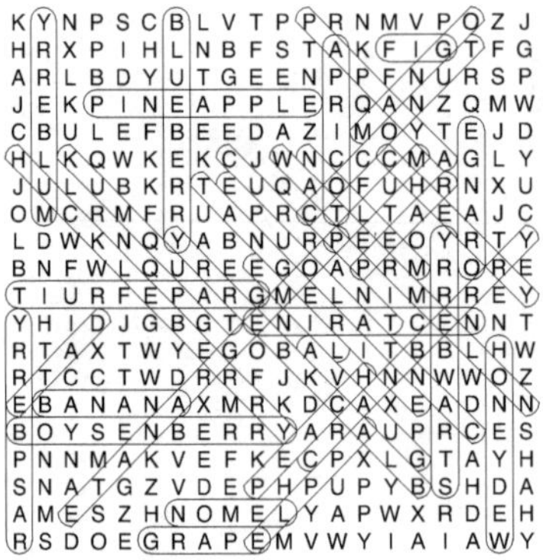

Fruit

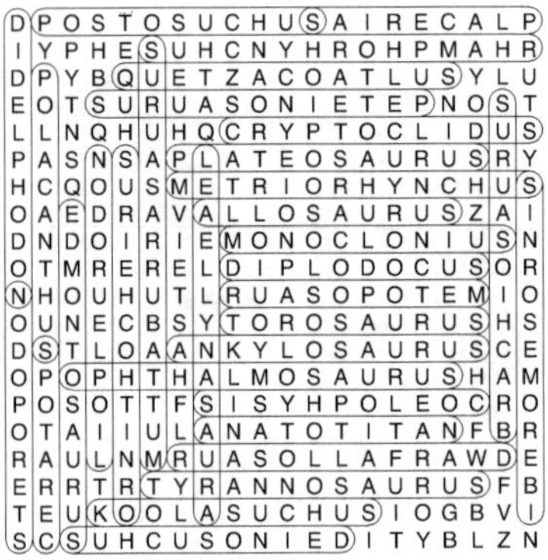

Dinosaurs

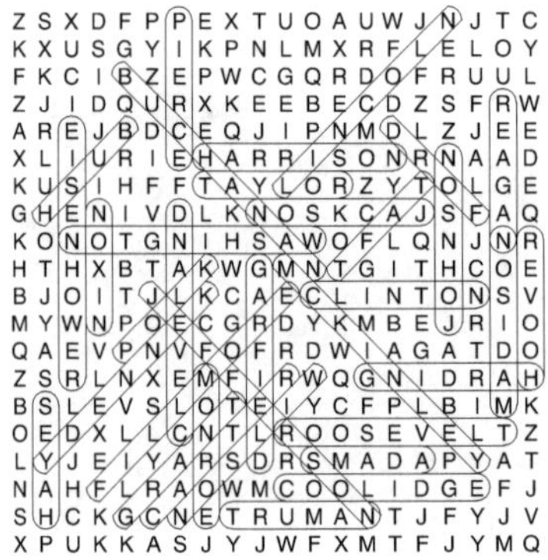

U.S. Presidents

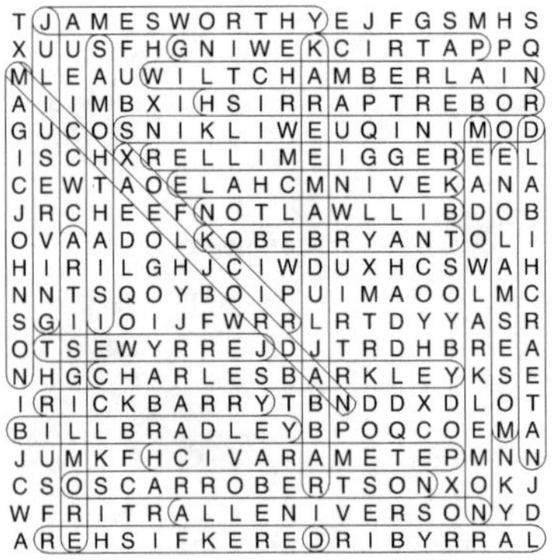

Basketball Players

Writers

By the Numbers

Strictly Business

Poetry

```
M D A U W A J O D I E F O S T E R G O R
Y I M N I S X P B E T T E M I D L E R E
R P Y U N W P S X G B C J Q S W I Q P T
N L I L O E G I G N B R O J O Y Z N E X
A Y R S N R B V E A N J A Q P A J O E A
L A V W A D K A E L Y A N W H W U T R B
O F I L R N E D N A T N C M I A D A T E
Y K N L Y A C E A C S E R V A N Y E S N
R R G A D E A T D I R F A B L U G K L N
A E Q C E I P T A S U O W Z O D A E Y A
Q H Z A R L S E V S B N F C R E R N H M
U C T B S U Y B I E N D O T E Y L A E R
E Q C N G J S U S J E A R H N A A I M E
L M A E W E S T H O L H D X G F N D F M
W K I R S T I E A L L E Y U P Z D H S L
E G S U W Z S K O B E T T Y G R A B L E
L I Z A M I N N E L L I Y E T C I G F H
C A G L E N N C L O S E L E E G R A N T
H G I E L N E I V I V C L A R A B O W E
Y L L E K E C A R G O L D I E H A W N E
```

Female Movie Stars

```
A G N O T A W R U T A C E D U B U Q U E
N O T S U O H F Z P J H T R O W T R O F
B A T A V I A I E U O R E U Q U B L A Q
W T T P K M I N N E A P O L I S O A T S
I E W L B R O N X V I L L E Z Z H S N K
S N A E L R O W E N O T E C N I R P O R
C O D V M O R R I S T O W N I N F F E O
A K Z X F J S A N A N T O N I O K J N Y
S A W R A E U W L J K O S C I U S K O W
S P E G C N O G A C I H C A L I E N T E
E A S I C E A G D F O R T B E N T O N N
T W T N O C K P D N A L R E B M U C E P
M Y P I L H L L O S A N G E L E S T M E
I A O A U A L L D L E I F S T T I P A T
A W I B M R U E F F I N G H A M G R A
M N N E B L H G R U B S T T A L P E C L
I O T A U O D L E I F R N E L W Y G Q A U
M C M C S T P N O G A L E S O J N A S M
U Y D H C T B U F F A L O A T N A L T A
V P R O G E I D N A S I U O L T S N D S
```

Around the U.S.

```
I W T Y U S Y S F Z X Z Q V E H A Y P T
N O C T F D C Y F K H M L S N T M F B B
B I T Q W O T O S I S L D S T H T Y C G
S W J Q T V T W S A H Q W U A I U W U O
Q B X P V V S Z N J I Z Z K N I P L A H
Y O O W V D F X M B W M N T E W Y X Y A
O L K E V L A B N B B A N O E A O W B T
A O Q B L E I Y E C Y N W Y R G Y R W Q
H S S T X H E X H U E E L G G Z O A B T
R X Z T R L X L C V R R G L I Z C L E F
Z L S S I L V E R A L M S W A U Q A M D X
J I X O P L A P P E S V P S C Z O R I
R X W K P B P V C V S X N P K O U R Q Q
G M C R I M S O N L I A O X I D R A E R
Y G U R M Q X C A M O U F L A G E N P D
J P F F P B C A I S U N O O R A M G A W
A D A E O Y M D B A Q H B R O N Z E I H
H X Z V I E W O T L R O S H C C U H N I
H Y E Q X M Q C B L U S H R Z G W O T T I
W Q U B U N J U P Q T E K I R B C N U E
```

Colorful

```
W W K O G H U R U J U E W X H W V Q D A
W U P K N K U G N Z U L Q E S R D W T V
Z J M O E Z N W I N T E R G R E E N L Q
A D G O S O F U Q A Z P U I T N I M P
F I V S N B L D T C E L I M O M A H C O
G P O Z I K Z T Q M T N I M R A E P S D
T E P N G D S E C K E N N E Y A C T I Y
U B M I A M Q H V G U G P O F G R L G G
K M G Y N G A C O P R R P T S Y O L I A Y
L S Y K H T E N A O E T Z O W A P C R X
I Q M U S T A R D P D C A R D A M O M Y
M Y R O V A S C O R N B E R U U N R C G
F E N N E L Q E M C A V C E R L R I T F
M F Z G E Q O Z X S I K U L E A A C S P
D L A Y V H F R I L R N E L X Q G E E E
E S N H C R X L R Q O T N C H I C O R Y
S I P I Q E F R G M C A R A W A Y S N O
S Y K L A A K E Z V R O S E M A R Y F Q
B T I Q E F H D F G P P R E V O L C M J
X W K S H Z X C Y D B A H N B E N I R V
```

Herbs and Spices

```
O V Q B O H Y R E E Z W A H W I D U S L
R E T H G C W O E D I M R J C L Z F Y J
A L K B R H U C Z S C D F J D T D B W E
N C U A R E G T E Z I Q E L I W E Y Y L
Q H B D Y F L P T G E U R I Y L S K Z B
J S N D T F V A J E R C R H G U T S D D
C M R G T W O D H G R A Y C G Y R O D S
Q Y Z K R B B D F W T U B A I T O X Y I
N E U R E X I L R O P U O Y L G Y N R H
M P Q S P C Y E E J B X A Y C M E L U P
G O U X P G R B I Y C A T A M A R A N S
A O D O I E Y O G J O O R S K F I Z U C
H L N B L A G A H U D F L H R P W B H H
M S S W C B A T T L E S H I P Z M K Z O
K D A H C E T R E R Y R G P F A H Y S O
F R T V D L   J R T A O B R E V I R N
T V A I W G P Y Y R T F F I K S R Y R E
J Q D L G R E M A E T S N N Y N Y A A R
F G C E F Z U C X Q A E O N A C U Q F K
D I R U A D U M C Q H Y I N B J E J T T
```

Boats

```
L U M A S O V A R I A N C E I J G K E U
M W P L M P R O D U C T O M B R E R K R
O D V G H C W G B I V A R I A T E Y E Y
D I V E R G E G Z B S W L P T H X L S Q
E C R B O G N S Y N Z T H A P A L K Y U
A M V R F O O T M W O D R S D I U D M K
O F R A C T I O N O E I E X P O D Q M D
V E C T O R S F V I B V S S B I M T E V
I X X N A M I P F I E C E R O U H D T S
H W A P A S V E M E O L C N U L T U R E
Q E Y T S I I O S N R D C O N C C I Y R
M M R M S L D X T J R E E R N U E V V I
H I T J A A G I A E Z Z N G I T M R O E
X R E E L G N A T C E R T T R C O B A S
L P M I C U O S C A L A R G I E O U E G
C U M K O X L D I S J O I N T A E N R R
Z I Y U T S U L U C L A C A F C L S I P
T W S F P O W E R S E R I E S L O G I C
S N A I D A R C O F A C T O R A E N I L
S T S J Z E N A L P O L Y N O M I A L O
```

Math Words

```
W U G Y S G K E R G O N O M I C S T Y P
Q Y E G A Q T S P H A R M A C O L O G Y
K G O O L T E C R I M I N O L O G Y O G
P O G L I N N I X J D N C E P M M W L O
S L R O N H G S M I N E R A L O G Y O L
C O A T G O I Y G O L O M S I E G T C O
I M P Y U R N H S Y L H P E T
T S H Y I T E P Y G O L O R O E T E M A
S O Y R S I E Y G O L O E G R L X V X M
U C P C T C R A A N P K E M L T O V V R
O H S A I U N A N T H R O P O L O G Y E
C E Y R C L N M D M O D B I O L O G Y D
A M C D S T G Y A N Y M O N O R T S A G
Z I H I V U W B T N S C I M O N O C E F
O S O O F R G O A Y Y G R U L L A T E M
O T L L I E L M Q H Y D R O L O G Y P B
L R O O S O I O C E A N O G R A P H Y B
O Y G G G C G E I Y A S T R O N O M Y M
G O Y Y S O N P F A R C H A E O L O G Y
Y N A T O B S C I T A M E H T A M I Y P
```

Scientifically Speaking

```
K T H A Y U Y A U S U J P T F K I M L H
R U Q P G Q U F I P B U A X G J M Y O O
W U F Z M U A K G I J S N T Y Y A V O X
J G G Y L R D K R C T B S Q X D Z L F Z
W N A P Y N O Q O E T A L P F K A Y U A
T D D L C I O D F L K C Y C N L L I
I M N C F Z F O L G G N E D N D Y U H P
D Z L H X Z K I P I K M I V O D T E M B
C T G D V Z H S K S O C E S O A A M J Z
N N O S Q C E P I C E R O A P T K B P P
A X U F C C O O K V I L B S S I S U A S
T B P W L N F O R K T N B S A U C R H P
C B G T L L E N E U T U T A E U R N B U
Y R N J W S I V C E X M U T R R E B E
P X W M A P A J W A R M O C S R V R C S
Q H T Z M J M G W Q P P L E S E F X N K
Q R W A V G O O X J A N K T Z U L O N X
R Q Y G H C T L B P U A V F D S L T E G
K W K Z O U Z H F N B A P I O S S Z V Y
V F A U Z G R P M Z C R A F D S F H O O
```

In the Kitchen

Jobs

Chapter 11: Amusing Word Searches

Around the House

That's Italian!

```
Bookish
W Z D O C O O F T E X T S Z G M O A T C
C C G H K E M V O I S H E L F A W L S M
X J K N A C V S L G A P P E R O M U H Z
D E C G I U B L P W L Y O O N Q L E M G
M R O W G K G E N A E T X R N S Z Q S D
H D M Q N L O V N X R B G O T C X K E P
W E P A H M D O E S R E P A P S W E N L
V H U N S L F N C R N S N O T K Z I I W
B Y T P Y A S U N Q N T J T E V A K Z O
B A E N N U D K E E S S E N I S U B A Z
N J B T P T O J R E W E I M A N U K G P
M I A G O I K D E I H L E K X G G M A Z
H S L N A R L V F O Z L Y R E T S Y M W
Y G H V J I O T E H H E L P D E S K Z O
L G V L H P N M R C I R L M U S R H S P
Q D L C P S T S A A N S C S B Z O S T Z
Z C M R O J T Q X N V E T Q I Q Z N E Y
P Z M X A S C I M O C E I O Q A Q L M V
I A S X O B A E A L J E L C R B G B E C
Z X G W Q G H J C E E W R E S Y C A N S
```

Bookish

```
Emergency!
F X T T S L N L E U C S E R T S E R R A
X E L N A R I M H G W B A Q C B W X L V
H M L D A H E X T I N G U I S H N A P V
R B D F I R S T A I D N S H Z E R Z C R
A E H C G P D Y R H P N A E R M J G E R
R R V E H P T Y A A E I W I L D F I R E
B S N O D I F V H R U A S D T P T R Y S
H C T O L O E K O B P Q T E N A E C M F
Y F W C R V T E Y U V S D P E T M Z E F
S R P C P X E T T R P F L A M E L L D U
Y T E F A S P R I N K L E R E Z E R A C
K F A D P K A A R V B E A T C H H Y C D
A Z C U R D T F U O P Q E M R E H P A N
C Y E T E O R F C I Y K R E O H V R R A
V M H Y T G O I E H C O G N F R G O A H
U M Y P A H L C S I F B E T N F M T D T
O W L Y W V E B T T N A N E T U E I L
B M B Z A E G T N M U G R T X L C C O T
G K T V L S Z U I Y M W G P O B O T S Z
F T E E J U Q X N B X X C G D N I P B D
```

Emergency!

```
Clotheshorse
F G V A L C J I Y R L V C C E P F G U O
Q H U J X L B N O T O O B K T I R Z M E
B S K X J S P A I U L J E S I G O M X H
A P S K C I U H X L X X D K G L C O A T
I A E A N X I B A U G Y I I H O K T D R
U S T N A P R E D N U Z R T V F T A W
I O L T R D O V E R C O A T S E R I X Y
U E Q R I A S Y K S T O C K I N G I R
B H I G T O H U A A N V G H C H J E Y
A L I L S O H S T I E E B S O T E T F T
B K F V E D W S R A J E R A W A K A L R
V T G X V J U A F E O P T B N Q Y P F F
D V N S T N A P I J D C X S D D Q R I L
Q I O U M F L C Y D Z N I H V N A O I C
H C N I E I R E K R J U U T Q G I N K Z
K I O L S H B A L E N I G H T G O W N R
C W C P L C Y Q C S T R O U S E R S M A
I C P R P A T I U S S A M A J A P G M J
H V W F Q H O E I A H K P S T Y Y F D H
V A L K D E A V C N I F N S C Q Y D U C
```

Clotheshorse

```
A Capital Idea
O M E L A S C T H V C W H D A U S T I N
D N O M H C I R Q E S I O B R L D J M L
H H B N V J E L L I V H S A N O B W H C
P A P I T R E N T O N Y C T T K C A O L
I H R B S G A T N A L T A O T S S N N F
Y V O T U M O E R R E I P N L I U Z O Y
N T V E F I A M D U L C B R L U I G L C
Y T I C N O S R E F F E J O M N M V U L
T K D C T I R L C R P K P U S O N B L A
I O E L A D X D I K Y A A G A T M D U B
C T N I L M L J X T N L N E I S O E U S
N H C N L R O E A A T T E Y B E U N S A
O G E C A M A H I C B L L U M L A V J N
S I C O H A F D A F K A E F U R E E L T
R E V L A D N A T L G S H R L A N R U A
A L A N S I N G Y Q K N O Y O H U L A P
C A E I S S W K H S Y O I N C C J L P E
Z R L O E O F R A N K F O R T R K E T O
C H E Y E N N E U I A N N A P O L I S B
G G T O P E K A O S E N I O M S E D V C
```

A Capital Idea

Drinks on Me

Periodic Table

Flowers

Academic

```
D W J P V Q D A C H S H U N D G I R K N
B D O A H M N A I N A R E M O P E R A Y
O A D H V A D K E L P I E D B V F I B M
X W L N C A N R P E R E L I E W T T O R
E E J U W N V E I G L I R A M O J H
R I Y J N O O E S H U P R G M H B K R A
W M W U Z E H H S B P T Z L A J Q E N B
H A C I K S S Y C E E E A B N E V T B Y
I R O L G E A E E R C D H C P E B G M S
P A C F T R E I R R E T H S I T T O C S
P N K T O A O O N G G I Y R N B L N O I
E E E K D X D C N T H B T L S A J A L N
T R R F H A H O H U B E A H C S M I L I
A X S S R A O O A S R E E X H S T R I A
D R P B I C Q H U N L E R T E E S E E N
N X A O E A U N E N P E N N R T D B P G
P L N N A N D Z D D M W Y A P S I S E
K J I A R B L O O D H O U N D R G S C T
F A E B M O C G A R L G R E A T D A N E
M B L B G P E K I N G E S E N I K N O T
```

Canines and Felines

```
Z O U L E S A K S U L A V R E P U S D V
I P S D O T N A L O R O T O M T C H R I
S B N N F C A O X A M E C I F F O T A A
P S E H O D K T S R S A F E W A Y R N C
R L E O I Q H S T O R M P O N E O E O
I H R M X A T N E L R Z O O J N D W M M
N O G E N E R A L E L E C T R I C L A I
T K L D H T Y M C L D A B A O E B O R C
R R A E C I U M K I T M W L A M A O A R
A O W P N R B U M Y N E A D A A D W T O
M G Y O Y E T R A S M U G R R E P R H S
L E S T L Y S G R I B M M R T A S T O O
A R T Q L I E P T B A Y M A I L O N F
W M A L L I B O M N O X X E O T N L O T
P E P S I C O R E Y E N N E P C J E I K
A I L Z R F I H D O W C H E M I C A L D
G J E S R K E T O Y S R U S S S N B L V
E E S G E N E R A L M O T O R S C T S H
H R Z A M P U O R G I T I C D P V D E F
T G H X W Y E N S I D T L A W Y S A S L
```

Big Business

```
K C N Q K F V K N G G F E B H J N K F W
P O C D I T I O D G G K A C A N K L O A
U T T L H R Y U H O M N E S E D V O P A
A T E F F A T N B A U N I K S E L O M X
L O V K R E C H H C N B L T P A L R U B
K N L L H W I G L V I K L G T Y O F Q W
C H E K V T N T R P L L O E E E H V U G
G C V K W I O Z E F S I D S K R N P L F
S O A C G N E L K I U N T M I N E D I D
D R B S C K B C C A M E L S H A I R S Q
D D Z P H V E Z U Y R N U L T Z N T T S
P U X A E M Q L S X R U I W O Y O T H V
H R V N H R E B R Y P R E K L I S T S U
G O P D F K L R E M Q E E O C Z O A H L
U Y Y E M B L N E O D L N T K L V Z B I
A F L X J Q I J S H L V L G C N Z O V N
G T N D Y T N F L A N N E L I A M X Z G G
S J F I A U E X C I O J C S U N X X J
X G S S O L H F I R S O R M Y J Z F E W
V C R C E E C H I F F O N Y O F B E L Q
```

Ready to Wear

```
R E V I E W U L T R A V I R E S I V E D
F H J A S T L T J A S S I G N M E N T U
I V R E S E S A A D E M U R R A L O A L
S O E N E C N A V I N N O C A R Y N L A
C U M J N Y Q R W O C O V E R T R A T U
I C I O T D G E N T A L D A M A G E S
E H A I I H E W Y O V P X T P O U E R N
N E L N A R T S K H I P F N N D D A E
T E C M L P A N E L E T S A G E I P B S
E G S E R I V A R T N I C S T Y S Y L N
R O I N O I T E R C C A R N I E E S E O
I S D T P R I V I L E G E L U M R S I C
V J U R I S D I C T I O N G O J R C J D
H K X E T A T S E T N I S I A O N E E A
P C T U N Q U A L I F I E D D R M I P S
K M N Q Y R E V E R T I B L E A E Z U U
V X A A Q T N E M T N I O P P A E D G A
Y D R J B E Q U E S T I U C R I C L N C
S K G S O T I U S W A L A I R T E R P U
H M I N O R I T J P J P G H T M Y S B B
```

Legal Words

```
P V G M P Z P E S P P X T L F X D T B Q
G X K L H E U U S W H P W L L F X V V B
W N S A T G C W B T E Z Z E E T C K M A
M U V U N A G A U A C E M G Q M H Y B F
V E W I Y D X N N S N A T Y Y R O K I R
B C R E A M O U F K N A R P K I C N X Z
S E V B Y C T R S U M R N S O B O Z H P
M L E H O B U G U K E M O A K T L H S W
C P G C U I L D X B I Y I D C I A I K K
H P E T T C K A P N R E S N X R T T F J
E A T O J E C S C R K E Y L I M E B O L
R E A C P C A E E K H E D O M A L A Y W
B N B S M R M B R A B U H R Z U C Y M W
Y I L R T E W D S D R E H P E H S D B E
S P E E A A H C A E P D R B U B R Q L M
Y G E T R M U R D M C W E R L M T P R B
M T K T W J C U S T A R D Q Y S P Q X V
X C S U Y J M S O I R Y D E K A B K L K
Z R T B L N U T Y Y B H G U L Q W R U
U S N D B A B V D G H I K A N V S B S N
```

Pie-Eating Contest

```
W P E R D I E M U T P I R C S T S O P A
K B N O D L Z R Z S A I T A R G O E D O
O P R O T E M V R I D E S T H C R Z A M
U E T S E Q U E N T I A X H A P I U I
G R A D I N F I N I T U M L R B T T V T
R C R C B T O Z I N L O C O A I C P L
F E E I F E N U M E R O C D R B N V O U
E N T R I I S E Z E W U E G I E I N S B
C T E C D D X R R O R M I L Z D M E T Z
I U C A E N T O E A Q L D X E A O N M R
T M T I I U P O T P P A A M B P D E E X
N A E L D M C I E M P O Q T E I O B R H
E G H A E O O R A R P U C B E B N A I Y
C Y P T F N A X O Y O I E O Q I N T D N
R E O E E N E X W D S C B I D A O I V
E R M M N A I R U T U Q E S N O N E R
P U X U S M C A N T E M E R I D I E M T
O J M P O A D N A U S E A M L U C F K Z
D E M A R P O T C A F E D T L Z C B E O
C D D E O V O L E N T E D I V D O U Q O
```

Latin Sayings

```
I T U A T B S B X C F Q W B Y H V L T B
V I E T N A M H E G I A N A W S T O B R
R C N Q U H W C S L D T G R E E C E R I
D N A L E R I P A S A U L E R D M N T A
S U D A N A A M I V O R Y C O A S T G I
R M D D I X M C N C K U O P L I Q N N
O G O T N N E B A A H M T S A G W S A O
E A G R D D I T L A E X F G N A A I T
T R N Z O N A V S V D N A K N A L I R S
X R O H N C A M U N A I Q W I B A R A E
E O C R E L C T R T E S V W S P M T G G
B D J S S V D O S U C T K E B F Q S L Y
Q N O O I N W I Q B A H T S B O U U P
A A G V A K K I E J K N P C A P O A B T
L U L L J I B A A Y N E K E E I N T F M
Y O O B J M C T B A S U B A V I W L R V
L P E A A H E W B A B M I Z U E L A A G
A V T Z I N O H D Y R A G N U H R M N M
T O O N Y A I L A M O S X R F M V D C J
I M A N G O L A U B V F Q O H T O S E L
```

Nations

```
A Y P M Q Q V H C J Z J L I S P Z J Q A
N L Z B T U A A X E L I Z A B E T H S Y
N I E V B L E N K F P A L L E B A S I W
A M S X E K N N J M A C K E N Z I E E L
S E K Y I A O A I G I F S X V E O L H C
J V D Q D S B H A R G S H A I L E Y D O
T H P R I H R A C H E L Y N I C O L E N
X S O D C L N I P A Q H A D E S T I N Y
N J A B N E H A E L H T R N T F L A L
G M M R R Y E P J D P Y L A W E J E I T
A K J U A P K O P E B A S R K A Y G R I
X G A U V H O S T T N H M S S G C J A A
L L Y Y Z H O S A H T N A M A S D E M K
O A J L L Z R A B A V V I N E A X S O I
S U V U F A B R I A N N A I V G I S R P
B P J I L N V V G W E A L L E A F I G U
E C E T D I R A L L I S O N R V C A L
Y K V G O L A D I M T X E I L A T A N
L I P K O C R O L Y A T Z H I T V Y S O
K Y L I E V Z O C L A L Z B T Q Y W D F
```

Girls

F A L A O C K L S F K M N A O W X Q J C
D M Q A Y M I S W P S B W O G N C F O O
Y K V U S P I B I R T H D A T E S A A J
B G T S A C E R O F N K Y S L S T I P K
G J F O E R O F K B I S R E C N A C G R
R J K J H E I R X P E N S J M E R V E N
J F S H L C B U P C U T V U M Z S G G R
T V R L N H H A S I X E P O C S O R O H
R O N A H P Y I O A O S B B L L D B A O
K D Q L M K P G L C G D I P O O I R G C
X K S I S Z A B E A U I R R L Y V R E Q
E U P G W W O R S P T E T S D A I Y D M
K O D N M D F U B R D S H T K V N H C G
N O O M I N R J T I A N P I A Y A E E R
I U A E K U C R C C L E L S F R T M T I
J H S N A S A T T O V V A N A P I C I S
O Z V T W H I J N R C A C A R N O U N Z
Z X P B C O D T S N M E E R I E N O S T
I H P T N J O F I K C H D T E A R S H N
K H G M W S Z J L N Z N G R S Y F Y Y Z

Your Sign

F X I D N W M Z O T F A H S M A C W C Q
J Z I T V T H D S A N T E N N A L D L A
M U G V S H V E R I S I V I X P T E U S
J K N N K G C L E L X H E A D R E S T O
T U I O E I D I B L Y K B E W S U A C K
P T T V U L Y O R I R R U O A N R O H B
N H I H G S R O G E E C C A T W L J I
T R O A G N R W S H T D K E E R A O I W
Q O N D M I E H B T T N E R P I D N L I
I T G E M K L T A K A E T I T R E R K N
H T S H F R F Y K R B F S N H A E D I D
R L C E V A F P C R E T E M O D E E P S
F E E H A P U D O N O R A U N I X F V H
E E T G A T M D H N E G T I T A H R F I
U B Y E U S B G S F R G L I E T A O H E
V U U Z M A S E F Z V Y R W K O U S K L
U G E H F O G I L M C E Q E Y R S T S D
Y K G O V U D S S T A C H O M E T E R A
U U Q Z G L S O A I R F I L T E R R M X
Z Y R Z V Y Q E N G I N E K O H C K V Q

Car Parts

Chapter 12: Irresistible Word Searches

T A Y T N V I W H B I D P L K X T H O X
P U J M G Z Y T N W O T A N I H C E F F
J C G X A C P R L E N A L P R I A O O X
D Z B O C D K G X L R P P R A P J O V
U F W T B O M K H L Z B O D Y H E A T H
Q F S J B P R A I N M A N P K R F N I L E
I G T W F F J A X O N E R G E W E P O R
V B D T Y Z T D H J X P I B B E A K O O
D K J M I J J H K E V G E F W N R B S C
M E N J S C T H E P A N O S O O K E K
H J T I W Q S F R S N D L R W C T W X Y
U A P K N R K B H K T L E T O O A A O C
Z L L N X Y E K S B A E P Y A I S R Z
R L T I X K T O C K H S N N S P S D S C E
Y R O O E H A E A O O W T G A E A U I L
K P O K C N N D O F G O S T R N L W S A
X H T Y A K S H C F R W N D X O G C T Y
C T S T F A H S Z Y A A X T W R S X E P
A P I Y N T E X B J F N C O N T A C T X
H T E Y N W G Y J U B U G S Y S V D J V

Movies

G I Y P N V G T P K E U Y N W I C M J H
Y A T O R R A C E L E R Y A M J R L U G
L Q Z T Z K B U A V I Y H S G X P E C E
I S G A E F A C S V R M W R R V B E E T
I D S T Z V Y U T A I L E T T U C E G N
L Q W Q O Y W M W N P E K O H C I T R A
O C I C Y K U B V I N U G K U O S J H L
C B A L S E U E N P Q V K N I K P M U P
C D S U Q Q H R E W O L F I L U A C A G
O P F E D A U P A T H A W F N W S R G G
R Z Q P V T P A A G D N M A Y P H K E
B R U S S E L S S P R O U T S I A O T O
H X R C R B Z S A H I E E T E K R M R H
Y C R H C C U M F N Z R E R G P A B Z N
H O A J D H A K O B C N A Z G L G Y
Y N D N Y C I P Z R N Q M R B D U X E U
Z A I E X H V N E R D D S I B E S O J F
K Q S J E P S S I C J N A G A B A T U R
L B H O Y I S T P U I N W G C I T N V F
J W O F C E E J O P L R L E N T I L S F

Veggies

Dental

```
F F Q M R G O Z I S Q H O N N E C H E W
I N X L O U V J D R U S L C J E F Y N Y
V X V C O D P W E D N S D P R V E E I A
L L Z E T J H Y V X X P H W T N F L H
M Y A H C T Q V O Y E S U E E L I M S
V X M T A D P U E D M L Z E F S Z H U S
J J Z E N N W H S A W H T U O M P O G L
I R R E A O T V N K S H L E N U S N U G
D B R T L E D E Y U S S M N T G A U A M
U C E K M P M O R E Q B B I O F R K R F
I H T C F W I B K C N Q D O E A U L J
O U S U B A H T A R O N Z T L L U Z J
C B A B L T I R F Z E R N R H Q O N C I
A D P W O V X K H J F P S C P R M Q U G
I I H O A S S I T I V I G N I G C E S H
S C T C B A M H O I P P L D C S L Z P X
V S O U W L S T O S T P E L K D O N I A
N O O G N I N E T I H W H O D O R D K
I H T L X V Z E J B F L E U G N O T S L
Y T S O F A Q T T L Q W Q V Q Z G H J S
```

Tribes

```
G N E J T H B K D W A S A K C I H C I F
J A P I N A I K P Q N A L V V N W O S V
S I W A S H X L U B W I G A H C B I H C
H P Z U T D A E Z T L U O W I C Q E U D
M U M A L A C A L U F A N E B U E H K V
K T D K P H G I X U H M Q P X R A M S S
B T J W U U N O E M B G U P C H G H L I
O A P A A G E G N E G L I I A W A T T O
J O E R I E I B R I U A A H Z W D Z M R
M R D T M A S A L W A Y N C N M M N F O X
M W K I N V W R C O R N C E K R O X H C
I F A F Q A A I E K A Q E O D F N Q A H
P M Y P L R K K T E N N W T M A O G V E
I J X E A X Q A L E I A R A P A H O E Y
L K D O C C A R O R A C S U T W N K T E
Y T T B R T H E T C N O O T K A O C Q N
A A C O K V E N O H S O H S R C N H N
M Y Y K W M X J W Z A D I E N O N V E
U I A C Z A N S G Z H U F H U R O N O G
M D M J S Q C A N A U H C I U Q J Z G P
```

United States

```
D C Q Y I H A W A I I N D I A N A A Z S
E N O B I D A H O C I X E M W E N M I A
L A O N E W J E R S E Y I X L N O I L S
A O K E N T U C K Y X S T G I O Z N L
W T N S V E A T W E S T V I R G I N I A
A E O B A N C X U I T R D R U E R E N K
R X T K A R D T S J T N N U N R A S O R
E A G T A N B S X O E H A O E O S O I A
R S N N Q D I E K C S H L S W A O T S K
I O I J N P H L N O U S S S H U U A T R
M N H W P O A T O Y H T I I A C T D N O Y
P A S I J H R N U R C X E M P M H I O Y
W G A N O M D T A O A Q D P P L C R M W
N I W M L U T A H I S C O F S O A O R E
J H A M A B A L A D S J H Z H R R L E N
C C A L I F O R N I A R T I A O F V E
C I W D N A L Y R A M K U R R D L P V A
M M O F Y H P F S E H Y O O E O I A C A
P X I R Z E E S S E N N E T L W N L V D
H Q I P E N N S Y L V A N I A L A S K A
```

Very Funny

```
G L K X R A M O H C U O R G C L B M N B
Y A D I L O H N A M O R J D S G G V O O
E S H E C K Y G R E E N E I T I T F S B
T H E G O L D R U S H O A M E L I E L
A E N O H T Y P Y T N O M V D S J I O
U S V N E L L A Y D O O W U E A T C W P E
D I J O H N N Y C A R S O N M R H G P E
A U E C L E R U A L N A T S A A E E I L
R O E S E E L C N H O J H R R D A O L E
G L Y T U T G U G X A A Q C T N P R F E
E E F I N D I N G N E M O R E A G O B N
H D L A F R I C A N Q U E E N R E R N O
T M L R L A T S Y R C Y L L I B T B R O T
H O A G A R D E N S T A T E K H M U E T
E D H D L S F D I C K S M O T H E R S L
S Z E I G E O R G E C A R L I N N N T I
T W I B T T E K C A H Y D D U B T S G M
I K N N R D Y A R R U M L L I B X P U C
N G N H R E P F T R O H S N I T R A M B
G A A F B O B N E W H A R T L K Z U P I
```

```
TOMSEAVERWHACKWILSON
EQEAMTTQJOEDIMAGGIOS
RVISRFITEDWILLIAMSXG
NHFAOKDRJYEFFIRGNEKY
ITCTHRMRETNUHHSFTAC
EYMCYJECJOHNNYBENCHR
BOBHRAATGXAFUOKYDNAS
AGIERCKIEWGIRHEGUOLA
NILLEKMXSPISTDNEOWLH
KBLPPIABRWKRAHQEHLKZ
SEYADELBUODRENBAEOSL
DRWIRRBDOYYPOEUNEXRU
NRIGOOAREGGIEJACKSON
OALELBBXOYJVXPESYIIK
BFLPYIEELTNAMYEKCIMN
YGIJANRRENGAWSUNOHZG
RAAKGSUPZOCESNACESOJ
RAMVSOTLSYAMEILLIWND
ATSWUNHDONDRYSDALEZO
BILLYMARTINEKPIRLACS
```

Baseball Players

```
JMLGYGQTTVUFSXXXVHIG
YKDIRZIQFKNUKSLSBRGV
QCLEDGMMTCNCNNRENDHV
VGOHEGDEHDAJUGHESCSJ
MKERCRZRNMGCMPIGTADQ
AMONGOOSEIMUPENRXTEX
RJNRPTYLUVPIICOTAROW
NAANEYHOFMAUHNCIAFAN
WRCRKTNOTJAECZEAWLFI
HBRRIWSIJEETBRRARCBE
PEXBXEZMHTMDODOUPHAN
FZBETLDYAPSQVPSPOIDB
NAIOILLHGHLANTORNNGE
RRKBKESIOPROPDSPCCEF
JBRHOZJTDKOZDEKLPHRG
QEEPSAPHICTVLCPLUIR
GQABGGTQCNDAVCLYYLHS
PRHUMANASYHTNAHPELEK
DWAHISRLOWSFMVPFBATW
DRGZKEVDQGSABJKJLLLA
```

Wild Things

```
FOVMFGSHLNRTBPBDETPR
IVLWGFORCAPBOSLADDER
IUFURNLJDPNPZWELKCAT
UZXIJLNIQFUCWINGSQSD
ELPRNUGJNGYRWENXSHGT
GWIDEHPOPPIHSVUIHHGO
ALEJPCFXPXFZZEGYINEP
ROJHLPKNNDBZDRAWETS
EECNGOKFKKSGYZMWLFUI
ELKSWOFRFFFRCKDGXLUD
TATSGPEEDOLOCLRNPYEE
SWYSODAEHREVOBCAWJUY
XNJRAEABINNACLEGWCVD
UUTQFCMOORETATSASLEE
FGNATKEAFTWOPOVTMCUW
TDZGSTARBOARDAEHKLUB
VBJJLVTDOOUIWRTWQIWX
KYNNSXHNNFAONKCJSSEM
VVRYRQBISVBRIDGEKTOD
YIZCGAWCCHEADFJRKTXS
```

All Aboard

```
XGHLDJQLPHMVLOWDVRIE
WBGASTBGECIHKSOOUMQL
ORSDDHRNRWBBALNZKVCF
VJEBYDIOCUVYZLNJOHVY
HXXTCDOKUCNOLYIQUEFH
QTZPRNRCATFISHMBSLSD
CPMAVAAYKLGMOYPPUGSZ
NISZHYDAHEODHNEKHTNZ
LKTSXSPTUGSPPUESSLAU
GEUYBKVLUMUPVJIUIQPQ
HEROCABLANAORFLHFKPF
RYGEOYSXIBARRACUDAEE
ZEESKRWSNAUALECELXRK
ZLOHSCEIJHTLGIGNOHEP
GLNPCRAPPIEWLANNGEDI
OATORRFMUCYVOHCNARNX
BWDAMREGFOZBALEOKRUB
UANGELSPFDRSOLLALIOT
WNLHUTAOEMMGOGLEDNLX
OLBCHUTSRGOSLOLMYGFE
```

Fishy

From Time to Time

Artists

Anatomy

Male Movie Stars

In the Garden

Composers

Heavens

Around Town

Shapely

Boys

Printed in the United States
by Baker & Taylor Publisher Services